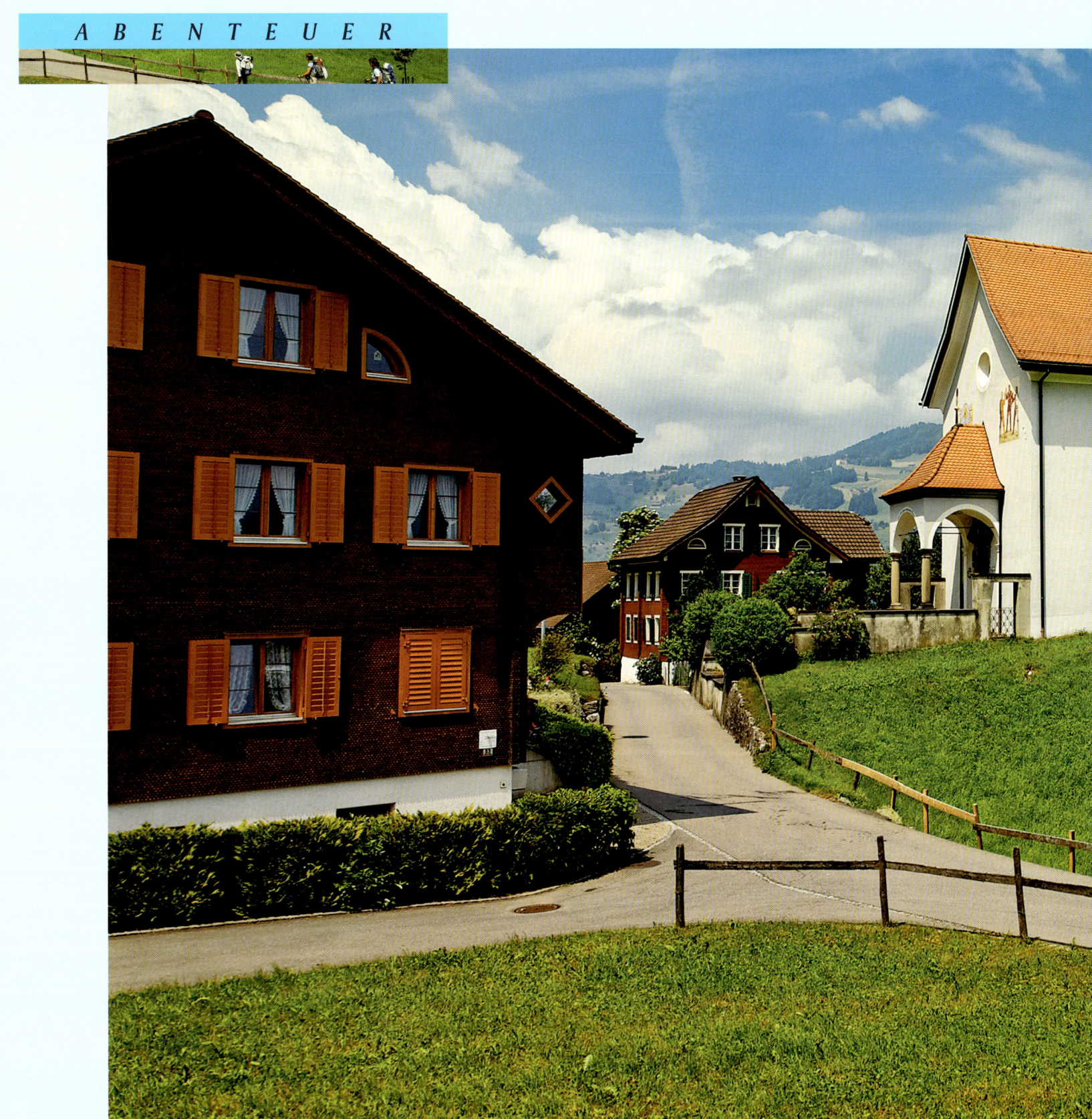

JAKOBSWEGE
DURCH DEUTSCHLAND UND DIE SCHWEIZ

BILDER VON
MARTIN SCHULTE-KELLINGHAUS
TEXTE VON ANNETTE MAHRO

INHALT

92 DER PILGERWEG VON EINSIEDELN NACH GENF

Seite 8/9:
Ein grandioser Ausblick ins Aaretal bietet sich auf dem Berner-Oberländer Weg beim Abstieg vom Brünigpass. Am Aussichtspunkt Tschuggen lässt sich das Tal von Meiringen im Osten bis Brienz im Westen überblicken, gegenüber liegen die Berner Alpen mit dem 2351 Meter hohen Axalphorn und dem Schwarzhorn, das 2928 Meter aufragt.

Den Jakobsweg gibt es nicht, um gleich mit einer Binsenweisheit anzufangen, es gibt derer viele. Zwar machen sich Jahr für Jahr Hunderttausende auf den Weg zur Grabstätte des Apostels Jakobus im nordspanischen Santiago de Compostela. Mehrere Millionen werden sogar in den sogenannten heiligen Jahren gezählt. Das ist immer dann der Fall (nach 2010 erst im Jahr 2021 wieder), wenn der Jakobstag am 25. Juli auf einen Sonntag fällt. Aber die Pilger kommen seit bald eintausend Jahren auf vielerlei Wegen, die im Prinzip an jedem Ort der Welt anfangen können. Wer unterwegs ist, muss das Jakobsgrab auch keineswegs zielstrebig erreichen und schon gar nicht in einer festgelegten Zeit. Moderne Pilger nehmen sich den Weg gerne in Etappen vor, die sie oft über mehrere Jahre verteilt bewältigen.

FÜNF HAUPTWEGE

Den Jakobsweg gibt es nicht? Und es gibt ihn doch, mag entgegnen, wer sich auf die UNESCO und ihren 1993 zum Weltkulturerbe ernannten, rund 800 Kilometer langen nordspanischen Camino Francés beruft. Aber auch schon dieser französische Weg beginnt an zwei verschiedenen Punkten und vereinigt sich erst in Puente la Reina, jenseits der Pyrenäen in der spanischen Provinz Navarra. Das ist symptomatisch für das ganze Phänomen und ein erster Fingerzeig in Richtung der unendlichen weiteren Verzweigungen, die noch kommen werden. Bereits der für den Jakobskult wichtigste und älteste erhaltene Pilgerführer, der Liber Sancti Jacobi (Jakobsbuch) aus dem 12. Jahrhundert, der auch, da offenbar fälschlich Papst Calixt II. zugeordnet, als Codex Calixtinus kursierte, weist über die klassische nordspanische Route hinaus vier französische Hauptwege aus. Auch sie dürfen sich seit 1998 dem Weltkulturerbe zurechnen. Ihr westlichster führt als Via Turonensis von Orléans über Tours, Poitiers und Bordeaux in den Süden, die Via Lemovicensis geht als nächster Strang an dem sie benennenden Limoges vorbei und startet im burgundischen Vézelay. Dessen Basilika verwahrt der Legende nach die Gebeine

Unten:
Kirschblüte bei Brochenzell: Von Ravensburg her kommend bietet sich auf dem Weg zum Bodensee hier das Ende einer Tagesetappe an, hat der Ort doch neben seiner 861 erstmals erwähnten Pfarrkirche Sankt Jakobus eine sehr rührige Gemeinde, die sich um Pilger kümmert und Privatzimmer anbietet und vermittelt.

Unten rechts:
Offene Landschaft, beschauliche Dörfer und kühle, erholsame Wälder bezeichnen die deutschen Jakobswege, wie hier bei Winterstettenstadt auf der Strecke von Ulm nach Konstanz.

der Maria Magdalena, was den Ort seinerseits zum bedeutenden Wallfahrerziel machte. 1146 rief zudem von hier aus der später heilig gesprochene Bernhard von Clairvaux zum zweiten Kreuzzug auf. In Le-Puy-en-Velay in der Auvergne startet der dritte der vier französischen Wege, die Via Podiensis. In Le-Puy soll 951 Bischof Godeschalk als einer der ersten verbürgten Jakobs-Pilger überhaupt aufgebrochen sein. Die südlichste Via Tolosana beginnt schließlich in Arles und kommt im südfranzösischen Toulouse vorbei, dem dieser Weg seinen Namen verdankt. Ein Jahrtausend bevor hier das legendäre französische Überschallflugzeug Concorde gebaut wurde, traten Gläubige ihren Weg zum Himmel noch zu Fuß an. Gut möglich allerdings, dass auch die Pilger des Mittelalters ihr irdisches Ziel vorher gar nicht erreicht hatten. War doch der Weg lang und gefährlich, von Räubern und Geschäftemachern belagert, es mangelte an verlässlichem Kartenmaterial und natürlich wurde der Weg umso abenteuerlicher, je weiter vom Ziel entfernt er begann.

DIE WEITEREN WEGE

Jenseits der vier französischen Hauptstrecken verzweigen sich die weiteren Jakobswege so vielfach, wie die Motive derer, die sie gehen oder gingen. Deutsche Jakobspilger konnten seit 1495 immerhin auf einen in ihrer Sprache verfassten Wanderführer zurückgreifen, den der Servitenmönch Hermann Künig von Vach mit einer Reihe von Empfehlungen und Warnungen vor Gefahren herausgebracht hatte. Seine „Straß zu sant Jacob" orientiert sich an den beiden äußeren französischen Wegen, die er die Nieder- beziehungsweise Oberstraß nennt und bis Aachen beziehungsweise Einsiedeln weiterführt. Selbstverständlich kamen die Wanderer auf den Jakobswegen aber auch von noch weiter her. Nach Jahrhunderten, in denen es wieder ruhiger geworden war auf Sankt Jakobs Straßen, keimt der Pilgerboom seit den späten 1970er-Jahren wieder auf. Dass seitdem immer neue Strecken entdeckt und ausgewiesen wurden und werden, macht eine vollständige Darstellung nicht einfacher. Zwar hat der Europarat 1987 die Wege

Unten links:
Idylle am Ulm-Konstanzer Weg. Ganz in der Nähe liegt Steinhausen, dessen sehenswerte spätbarocke Wallfahrtskirche Sankt Peter und Paul gerne die „schönste Dorfkirche der Welt" genannt wird.

Unten:
Andere Anforderungen an Kondition und Trittsicherheit als die flachen und unbeschwerlichen Wege in Oberschwaben stellt so manche Passage in der Schweiz. Hier gilt es, steile Auf- und Abstiege zu bewältigen, wie hier am Innerschweizer Weg beim Aufstieg nach Emmetten am Vierwaldstätter See.

der Jakobspilger, die mit Santiago de Compostela neben Rom und Jerusalem eines der drei wichtigsten Pilgerziele der Christenheit als Ziel hatten, sogar zur ersten europäischen Kulturstraße erhoben. Auf nähere Festlegungen wurde dabei jedoch bewusst verzichtet, die Bezeichnung gilt ausdrücklich für alle Wege. Historische Anhaltspunkte gibt es dennoch, zu denen nicht zuletzt verbürgte Reiseberichte vom Mittelalter an zählen. Die darin beschriebenen Straßen orientieren sich vor allem an tatsächlich gangbaren Routen, die oft identisch waren mit alten Handels- und Heeresstraßen. Hier liegt allerdings ein Problem der Wiederbelebung, sind die alten Wege heute doch oft zu Bundesstraßen oder gar Autobahnen geworden.

AUFBRUCH AUS DEUTSCHLAND UND DER SCHWEIZ

Deutsche Jakobswege gibt es dennoch. Soweit schon ausgewiesen, beginnen sie im Norden in Flensburg, auf Fehmarn oder Usedom. Sie kommen im Westen an Paderborn, Essen, Köln,

Aachen und Trier vorbei, weiter östlich an Berlin, Wittenberg und Leipzig, um auf dem Weg in den Süden über Bamberg, Nürnberg und Ulm den Bodensee zu erreichen. In Köln und Nürnberg kreuzen sich zusätzlich wichtige West-Ost- und Nord-Süd-Verbindungen. Allen gemein ist die grobe Ausrichtung nach Südwesten hin, wobei die Grenze nach Frankreich jeweils sowohl direkt als auch etwa über die Schweiz erreicht wird. Die zielgerichtete Orientierung verdankt sich jetzt dem Alpenkamm, der die gangbaren Wege im Süden flankiert. Der Schweizer Hauptweg beginnt als eine der ersten durchgängig ausgeschilderten Strecken bei Konstanz-Kreuzlingen auf dem sogenannten Schwabenweg oder, ebenfalls vom Bodensee her kommend, bei Rorschach, von wo aus es über Sankt Gallen zum beide Stränge vereinenden Kloster Einsiedeln geht. Über Sachseln, Interlaken oder Bern wird Freiburg/Fribourg erreicht, von wo aus sich ein Abstecher nach Payerne anbietet, bevor der Weg nach Lausanne weiterführt und schließlich zum alle Schweizer Linien verbindenden Genf. Weit-

ab vom Hauptweg schlängelt sich auch vom im äußersten Südosten gelegenen Benediktinerkloster von Müstair aus ein Abzweig, der später über die heutigen Wintersportzentren Davos, Chur und Laax das im Jahr 720 gegründete und seinerseits von Benediktinern betriebene Kloster Disentis erreicht. Müstair und Disentis hat Hermann Künig von Vach links liegen gelassen. 1495, als sein Pilgerführer vermutlich erstmals erscheint, gibt es für ihn noch keinen Grund, um reformierte Städte und Kantone wie Bern einen Bogen zu machen. Martin Luther veröffentlicht seine berühmten 95 Thesen erst 1517, Huldrych Zwinglis Zürcher Disputationen fallen ins Jahr 1523 und der Rat der Stadt Bern entscheidet sich 1528 für die Reformation.

TRANSLATION UND ENTDECKUNG DES GRABES

Von Reformation und Gegenreformation war indes noch lange keine Rede gewesen, als man sich mehr als ein halbes Jahrhundert zuvor auf Sankt Jakobs Straßen auf den Pilgerzug machte.

Ob es aber in der Mitte des 10. Jahrhunderts der schon erwähnte Bischof Godeschalk war, noch vorher um 930 ein namentlich nicht genannter Pilger, der in den sogenannten Markusmirakeln im Kloster Reichenau erwähnt wird, oder sogar noch früher Karl der Große, wie eine Legende glauben machen will: Der erste Jakobspilger ist kaum mehr auszumachen. Noch weniger rekonstruierbar ist selbstverständlich die wundersame Reise des gemäß der biblischen Apostelgeschichte um das Jahr 44 in Palästina hingerichteten Jakobus an die iberische Küste. Überliefert sind schon im Liber Sancti Jacobi verschiedene Versionen über die sogenannte Translation. Fast immer sollen es aber Jünger gewesen sein, die mit dem Leichnam des Enthaupteten und göttlicher Hilfe per Schiff nach Galicien gelangten, um ihren Meister an dem Ort zu bestatten, wo er vor seiner Rückkehr nach Jerusalem missioniert habe. Zahlreiche ausschmückende Legenden ranken sich schließlich um die Auffindung des Grabes Jahrhunderte später. Einmal mehr kommt hier Karl der Große ins Spiel, der den

Weg zur Grabstätte von den seinerzeit einen Großteil des heutigen Spaniens beherrschenden Mauren befreit haben soll. Schließlich wird die Entdeckung des Grabes zu Beginn des 9. Jahrhunderts einem Eremiten namens Pelagius zugeschrieben, der sich entweder durch Engel oder auch, wie einst die Heiligen Drei Könige von einem oder mehreren Sternen habe leiten lassen. Von dieser letzteren Version leiten manche Interpreten den Namen des Ortes her: Compostela nach Campo Stellae (lat. = Sternenfeld). Häufiger wird allerdings inzwischen vermutet, der Name leite sich von dem ebenfalls lateinischen Wort Compostum her, was einfach nur Friedhof bedeutete.

DER WAHRE GLAUBEN UND DIE RECONQUISTA

Ob und wie der tote Apostel an seinen Platz kam und woran der Entdecker das Grab erkannte, ist eine Sache des Glaubens. Weshalb der Wallfahrtsort jedoch ausgerechnet im iberischen Nordwesten und kurz vor dem unwirtlichen Kap Finisterre, dem Namen nach also auch noch am Ende der Welt liegen musste, ist eine Frage der Politik. Da spielten vor allen anderen die schon erwähnten muslimischen Mauren eine Rolle, die den größten Teil der Halbinsel seit ihrer siegreichen Schlacht gegen die Westgoten 711 beherrschten. Aus der nun folgenden maurischen Zeit, die mehr als 700 Jahre bis zur vollständigen Rückeroberung des heutigen Spaniens und Portugals 1492 fortbestand, zeugen zahlreiche Spuren insbesondere in der südspanischen Baukunst, so etwa in der berühmten Alhambra in Granada. Zwar übten die neuen muslimischen Landesherren offenbar Toleranz und ließen andersgläubige Bewohner in ihren Gebieten zu. Dennoch stand die Wiedereroberung oder Reconquista, die wenige Jahre nach dem Sieg der Mauren einsetzte und sich von da an über die Jahrhunderte hinzog, vor allem unter dem Banner des Christentums. Nicht selten wird in der Forschung an dieser Stelle heute in Zweifel gezogen, dass sich die religiös begründeten Feldzüge aus dem Norden überhaupt vorrangig

gegen die Muslime selbst richteten. Vielmehr könnten sich die mittelalterlichen Kirchenoberen in erster Linie am Verhalten jener Christen gestört haben, die als die sogenannten Mozaraber unter maurischer Herrschaft geblieben waren und sich der Obrigkeit des Papsttums entzogen. Erinnert sei hier auch an den einzigen Kreuzzug, der sich gegen Christen wendete – die im Süden Frankreichs beheimateten Albigenser. In den Jahren 1209 bis 1229 und damit in einer der Hoch-Zeiten der Jakobusverehrung, metzelten 10 000 Kreuzritter mindestens doppelt so viele ihrer Glaubensbrüder mit Frauen und Kindern nieder, die Papst Innozenz III. – ihres der Kirche gegenüber abtrünnigen Verhaltens wegen – zu Ketzern erklärt hatte. Der Schutzheilige Jakobus ist dabei zur Symbolfigur sowohl der Reconquista als auch des wahren christlichen Glaubens geworden, die sich mit der vom 13. Jahrhundert an wütenden Inquisition ein weiteres blutiges Zeichen setzte. Als Santiago Matamoros und Maurentöter hatte der Heilige ohnehin schon früher herhalten müssen. Soll er doch bereits König Ramiro I. von Asturien vor der Schlacht von Clavijo 844 zunächst im Traum und später leibhaftig in der Schlacht erschienen sein. 70 000 muslimische Soldaten seien daraufhin durch sein Schwert oder seine Hilfe gefallen, wird berichtet, wenngleich es durchaus Zweifel nicht nur an der riesigen Menge der Getöteten gibt, sondern auch daran, ob diese wahrhaft monströse Schlacht denn überhaupt je stattgefunden hat.

MACHTANSPRÜCHE

Als Feldherr von Gottes Gnaden wurde Jakobus 844 jedoch beileibe nicht zum letzten Mal bemüht. Der Matamoros wird beispielsweise im 17. Jahrhundert im Hinblick auf die 1683 auf Wien vorrückenden Türken im süddeutschen Raum wieder auftauchen. Und noch 1937 bedient sich General Franco während des spanischen Bürgerkriegs seiner, auch wenn die aktuellen Feinde jetzt nicht mehr Mauren sind. Der Diktator ist es, der das Jakobusfest zum spanischen Nationalfeiertag ernennt. Die Geschichte des

Unten links:
Große Pilgerströme sind im Mittelalter bei dem einst auf einer Rheininsel gelegenen Kaiserswerth und seinem Kloster aus dem 8. Jahrhundert vorbeigekommen. Eine vielgenutzte Handelsstraße von Essen traf hier auf einen der ältesten Rheinübergänge und anschließend linksrheinisch auf die alte Römerstraße von Neuss nach Xanten. Unbedingt sehenswert ist in Kaiserswerth der spätromanische Suitbertusschrein, der die Gebeine des Klostergründers bewahrt.

Unten:
Die am Hellweg zwischen Duisburg und Paderborn in der Altstadt von Soest gelegene Wiesenkirche hat eines ihrer Kirchenfenster berühmt gemacht, das über dem Nordportal gelegene sogenannte „Westfälische Abendmahl". Auf dem Tisch stehen hier nicht, wie sonst üblich, Brot und Wein, sondern stattdessen Schinken und Bier. Eingeweihte wollen auch Pumpernickel erkennen.

Umgangs mit dem Heiligen, die zeitweise von allem anderen als von christlicher Barmherzigkeit berichtet, hat dem Glanz der Figur mit der Zeit jedenfalls einige Kratzer verliehen. Solche Gedanken trieben die Vorfahren der Kreuzritter dagegen noch nicht um. Weltliche und klerikale Machtfragen dominierten auch im neunten Jahrhundert schon die Politik und das Apostelgrab erwies sich als gewichtiges Argument für die Bedeutsamkeit des Ortes, seiner Vertreter und nicht zuletzt natürlich des Bischofssitzes von Compostela. Mit der Rückeroberung Toledos, der alten Hauptstadt des Westgotenreichs, im Jahr 1085 drohte in einem jetzt entbrannten Wettstreit um die päpstliche Gunst die eben erst aufgebaute Position Santiagos wieder zu zerfallen. Um ein Haar wäre da auch Jakobus selbst noch durch den Apostel Paulus verdrängt worden, den noch im elften Jahrhundert Papst Gregor VII. als Missionar auf der iberischen Halbinsel nannte. Somit wäre er seinerseits als Nationalheiliger in Betracht gekommen und sollte hinsichtlich dieser Position auch nicht der einzige Bewerber

bleiben. Der im frühen 12. Jahrhundert amtierende Bischof von Compostela, Diego Gelmírez, unterließ indes keine Anstrengung, die Vorherrschaft seines Apostels wieder ins rechte Licht zu rücken. Nach zähen Verhandlungen, aber auch sehr viel geflossenem Geld und wertvollen Geschenken an zwei aufeinander folgende Päpste (Gelasius II. und Calixt II.) wurde Compostela mit seiner zwischen 1075 und 1188 entstandenen Kathedrale 1120 endlich Erzbischofssitz.

HERKUNFT DER WALLFAHRER

Hatte sich der Rang des Ortes und seines Apostels seit der Kunde von der Grabentdeckung erst langsam durchsetzen müssen, so entwickelte sich auf den Wegen des heiligen Jakobus spätestens seit dem 11. Jahrhundert eine der größten Pilgertraditionen des christlichen Westens. Die Pilger waren es, die mit ihren großzügigen Weihegaben Santiago de Compostela zum Aufschwung verhalfen und es bald zu einem der reichsten Bistümer der iberischen Halbinsel werden ließen. Aus Katalonien und dem Süd-

Unten:
Kein Land der Welt hat wohl ein besser ausgeschildertes Wanderwegenetz als die Schweiz. Verschiedenfarbig markiert und nummeriert wird hier nach Schwierigkeitsgrad und Bedeutung unterschieden. Regionale Wanderwege sind zweistellig bezeichnet, nationale Wanderwege wie der Jakobsweg dagegen einstellig. Er trägt schweizweit die Nummer Vier.

Unten rechts:
Weitgehend freundlich begrüßt werden heutige Jakobspilger von Mensch und Tier. Das gilt auch für die Kühe, selbst wenn sie wie hier bei Elisried auf dem Weg vom Gantrisch im Berner Oberland nach Freiburg noch Hörner tragen dürfen.

westen Frankreichs kamen frühen Zeugnissen gemäß die ersten Pilger, anders natürlich als aus dem muslimisch dominierten spanischen Süden, sehr bald jedoch – abgesehen von dem schon erwähnten sehr frühen namenlosen Jakobspilger aus dem Bodenseeraum – auch aus dem deutschen Sprachgebiet. Mit Reisedatum 1071/72 ist etwa Erzbischof Siegfried von Mainz als einer der ersten deutschen Pilger belegt, der sich in Richtung Santiago aufgemacht hatte. Allerdings kam er wegen eines längeren Aufenthaltes im burgundischen Kloster Cluny offenbar an seinem eigentlichen Zielort nie an. Auch von der Pilgerfahrt des Grafen Eberhard von Nellenburg haben sich Berichte erhalten. Der Angehörige eines Adelsgeschlechts mit Besitzungen in Süddeutschland und der heutigen Nordwestschweiz hatte 1050 das Kloster Allerheiligen in Schaffhausen gestiftet, bevor er rund 20 Jahre später nach Santiago aufbrach. Von Nellenburg war, als früher Vielreisender, zuvor bereits mehrfach in Rom gewesen, wenn auch hier offenbar weniger in pilgerischer Absicht als im Vorfeld seiner Klostergründung. Selbstverständlich gab es auch im römischen Zentrum der Macht Ablass zu erlangen, dennoch reihten sich schon früh Pilgernde aus dieser Richtung in den Strom nach Santiago ein. England erwies sich zusätzlich bald als wichtiger Aufbruchsort, ebenso die Niederlande, Dänemark und sogar Schweden.

AUF PILGER ABGESTIMMTE INFRASTRUKTUR

Entlang der auch im 12. Jahrhundert schon stark verzweigten Pilgerrouten begann sich eine auf Pilgerbedürfnisse abgestimmte Infrastruktur zu entwickeln, was sich natürlich nahe am Ziel entlang des Camino Francés besonders konzentrierte. Abgesehen von neuen Kirchen und Klöstern am Weg blühte hier der Handel auf, Handwerker vielerlei Profession zogen in neu entstehenden Stadtvierteln zu, neben Pilgerhospizen entstanden Wirtshäuser und kommerzielle Herbergen und damit Strukturen, die man so bis dahin noch nicht gekannt hatte. Der spanische Norden, wirtschaftlich bisher im Schatten

Unten links:
Auf dem Innerschweizer Weg beim Abstieg von der Haggenegg nutzt ein Bauer die Gelegenheit zu einem Plausch.

Unten:
Für Pilger bieten sich einfachere Unterkünfte an, aber auch altehrwürdige Nobelhotels liegen am Weg, wie hier in Interlaken, die weniger an die Frühzeit des Pilgertums als an die Geburtstunde des Winterurlaubs erinnern. 1864 sollen erstmals vier Engländer infolge einer Wette von Weihnachten bis Ostern in den Bergen geblieben sein und dabei das Skilaufen entdeckt haben. Allerdings war das nicht im Berner Oberland sondern im graubündischen Sankt Moritz.

des Südens gelegen, blühte auf. Zu den Fremden, die als Pilger kamen – hieß doch das lateinische Peregrinus nicht anderes als Fremder – strömten weitere ins Land, um sich hier niederzulassen, wovon bis heute entlang des Camino noch Straßen- und Quartiersnamen zeugen. Johann Wolfgang von Goethe wird im Bezug auf den Jakobsweg gar die Bemerkung zugeschrieben, Europa sei auf der Pilgerschaft geboren. Das Pilgern förderte zudem die Verbreitung von Stilen und Erkenntnissen in der Baukunst. Welcher Baumeister sich dabei jeweils an welchen Vorbildern orientiert hat, ist oft Thema kunst- und architekturhistorischer Diskussionen. Sicher ist indes, dass sich aus den Pilgerströmen gleichzeitig eine Reihe praktischer Lösungen entwickelt haben, wie etwa die Chorumgänge, die möglichst viele Menschen an Reliquienbehältnissen vorbeischleusen und dem Objekt einer Wallfahrt möglichst nahe bringen konnten.

VERBREITUNG DES JAKOBSKULTES

Seit dem 9. Jahrhundert bestanden kirchliche Jakobus-Bruderschaften, zu denen später Laienvereinigungen hinzu kamen. Ebenfalls vom 9. Jahrhundert an wurden im Namen des Heiligen auch Klöster oder Kirchen geweiht. Solche frühen Jakobuspatrozinien waren zuerst im deutschen Süden und in der heutigen Schweiz bekannt. Ein Bezug zum Apostelgrab in Santiago musste deshalb noch nicht zwangsläufig bestehen. Frühe Erwähnungen des Apostelgrabs sind jedoch aus den Klöstern Sankt Gallen und

Reichenau überliefert. Ab dem 11. Jahrhundert folgten mehr und mehr Kirchen- und Klostergründungen in Jakobus' Namen so etwa die 1073 begonnene, älteste erhaltene Bamberger Kirche auf dem dortigen Jakobsberg, die Schottenkirche in Regensburg, deren Grundstein 1090 gelegt wurde, das 1134 in Würzburg gegründete Schottenkloster oder die 1142 in Konstanz gegründete Abtei Sankt Jakob.

Später gab es auch Jakobus geweihte Kirchen und Kapellen, so etwa in Wolfach im Schwarzwald, die offenbar mit Billigung Roms allen denjenigen, die nicht nach Santiago kommen konnten oder wollten, einen regionalen Ersatz zur Fernwallfahrt boten. Und wo immer Kirchen, Kapellen und Klöster Jakobus geweiht waren, da tauchten seine Figur und Insignien – der Pilgerstab, der breitkrempige Hut, die Muschel und die Tasche – an zentraler Stelle auf. Auch ganze Jakobsaltäre sind entstanden, wie beispielsweise der geschnitzte Flügelaltar eines vermutlich elsässischen Meisters in der Schlosskirche von Winnenden. Jakobus' Name findet sich bis heute ebenso in unzähligen Orts-, Wege- und Quartiersnamen und die Jakobsmuschel ziert Familienwappen ebenso wie das des deutschen Papstes Benedikt XVI. „Wol auf sant Jacobs straßen" bewegt sich schließlich auch das 26-strophige Wanderlied „Wer daz elent bawen wel", das wahrscheinlich aus dem 15. Jahrhundert stammt und, diesmal von Clemens Brentanto aufgeschrieben, noch in einem deutschen Musenalmanach zu Anfang des 19. Jahrhunderts auftaucht. Mit dem mittelhochdeutschen „Elent" ist hier übrigens die Fremde gemeint und das Lied wendet

sich an denjenigen, der dahin ziehen will. Tradition haben im deutschen Sprachraum auch Zweifel, die es schon vor Martin Luther gab, wenngleich dessen Kritik an Ablass und Heiligenverehrung recht heftig ausgefallen ist. Folgerichtig rät der deutsche Reformator von einer Wallfahrt ab: „Laß raisen wer da will, bleib du dahaim." Er hatte sogar Zweifel geäußert, ob in Santiago überhaupt der Heilige selbst oder nicht vielleicht „ain todter hund" begraben liege. Deutschsprachigen Pilgern haben vom 16. Jahrhundert an Männer wie Luther, der Zürcher Huldrych Zwingli und der in Genf wirkende Johannes Calvin jedenfalls einige Schwierigkeiten bereitet, wurde doch von nun gern in Santiago jeder deutsch Sprechende für einen Protestanten gehalten und mit entsprechender Skepsis betrachtet. Die Verhältnisse scheinen sich wieder geändert zu haben und selbst die Frage, ob überhaupt und wenn ja wessen Gebeine in der Kathedrale von Santiago de Compostela ruhen, ist nachrangig geworden. Und es ist im Prinzip ja auch nicht wichtig.

WICHTIGE PILGERORTE IN DEUTSCHLAND

Als wahres Pilgermekka des europäischen Westens erwies sich im Mittelalter die Stadt Köln. Mit den Gebeinen der Heiligen Drei Könige, die im 12. Jahrhundert als Kriegsbeute an den Rhein gekommen waren, beherbergte sie schließlich die ersten Wallfahrer überhaupt. Zwar wurde der Dombau erst 1880 nach mehr als 600 Jahren abgeschlossen. Schon 1322 wurde jedoch dessen für sich allein bereits gigantischer gotischer Chor geweiht, der den Königsschrein bis heute beherbergt.

Wichtige Pilgerorte waren auch Paderborn, Fulda oder der Kaiserdom in Speyer. Aachen verwahrte den Karlsschrein, auf dem Jakobus dem Kaiser im Traum erscheint und ihn aufruft, gegen die Muslime zu Felde zu ziehen. Das Essener Münster besaß einen Kreuzessplitter und -nagel und die großartige goldene Madonna aus dem 10. Jahrhundert.

Auch an Trier sollte eigentlich kein Weg vorbeiführen, fand sich im dortigen Dom neben weiteren Objekten der Anbetung doch die Tunika Christi, der sogenannte heilige Rock. Kaiserswerth bewahrt in einem Prachtschrein die Gebeine des heiligen Suitbertus, Neuss jene des heiligen Quirin, von dem ebenfalls große Pilgerströme Gutes erwarteten. Ein besonderes Pilgerzentrum war auch die alte Hansestadt Soest, die neben zahlreichen anderen über einen eigenen Jakobusaltar verfügt.

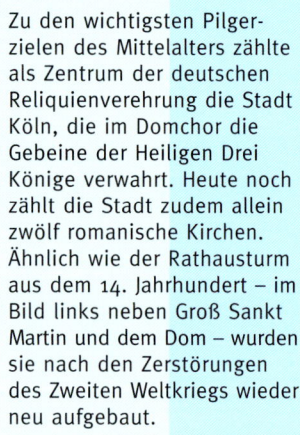

Zu den wichtigsten Pilgerzielen des Mittelalters zählte als Zentrum der deutschen Reliquienverehrung die Stadt Köln, die im Domchor die Gebeine der Heiligen Drei Könige verwahrt. Heute noch zählt die Stadt zudem allein zwölf romanische Kirchen. Ähnlich wie der Rathausturm aus dem 14. Jahrhundert – im Bild links neben Groß Sankt Martin und dem Dom – wurden sie nach den Zerstörungen des Zweiten Weltkriegs wieder neu aufgebaut.

Links:

Das Jakobusfenster im Chor des Kölner Doms gehört zu dessen ältesten Fenstern und wird datiert auf 1330/40. Es zeigt drei Szenen aus der Legende des Heiligen: Im mittleren Bild wird der gefan-gene Jakobus von König Herodes verhört, links tauft Jakobus auf dem Weg zur Richtstätte einen Schergen, rechts werden Jakobus und der getaufte Scherge enthauptet.

Links Mitte:
Im südlichen Seitenschiff des Doms findet sich auch Sankt Christophorus als einer der vielen Pilgerpatrone. Als Schutzheiliger der Reisenden gehört er auch zu den 14 Nothelfern.

Links unten:
Den Altar der Stadtpatrone hat Stefan Lochner um 1442 für die Ratskapelle der Stadt Köln gemalt. In den Dom kam der Flügelaltar, der Bezug nimmt auf die Legende der heiligen Ursula und der mit ihr ermordeten elftausend Jungfrauen, erst 1810.

Unten:
Mit einer Bauzeit von 632 Jahren übertrifft der Kölner Dom alles in der Architekturgeschichte Dagewesene. 1248 wurde sein Grundstein gelegt, 1322 der gotische Chor eingeweiht. Als um 1530 der Weiterbau aus Geldmangel eingestellt wurde, waren erst die Seitenschiffe und der Südturm weitgehend fertig gestellt. Das Langhaus und der Nordturm kamen erst im 19. Jahrhundert dazu.

Unten und rechts oben:
Am Jakobsweg von Dortmund nach Köln liegt der Altenberger Dom, an dem von 1259 bis 1379 gebaut wurde. Einst Klosterkirche des Reformordens der Zisterzienser, hat die Kirche anstelle eines

Glockenturms zum Zeichen der Demut nur einen Dachreiter. Entsprechend schlicht bleibt auch die Ausschmückung des gotischen Baus. Eine Ausnahme macht nur das gegenüber dem Chor liegende prachtvolle Westfenster.

Rechts Mitte:
Die Sankt-Nicolai-Kirche in Kalkar am Niederrhein ist berühmt geworden durch ihre heute noch neun Retabeln oder Altaraufsätze, darunter auch ein Jakobusaltar aus dem 16. Jahrhundert.

Rechts unten:
Ihrerseits am Jakobsweg gelegen ist die Stadt Neuss, die mit dem heiligen Quirinus einen zum Christentum konvertierten Märtyrer zum Stadtpatron erwählt. Dessen Gebeine werden im Quirinusschrein bewahrt, bei dem es sich allerdings heute um eine Kopie aus dem 19. Jahrhundert handelt.

ALTE STRASSEN UND NEUE WEGE

Die Startpunkte der Jakobswege sind über ganz Europa verteilt. Ein großer Teil der frühen Santiagopilger sprach dennoch deutsch. Und ganz gleich, ob der Weg jedes Einzelnen nun tatsächlich, wie so oft geschrieben, jeweils vor der eigenen Haustür oder vielleicht doch erst mit dem Pilgersegen in der nächsten Kirche begonnen haben mag, es bedurfte doch immer einer grundsätzlichen Orientierung, wie sie die bereits bestehenden Fernwege gaben. Einige hatten schon die Kelten oder Römer angelegt, andere entstanden sie zusätzlich einbeziehend, kreuzend oder völlig eigenständig. Das mittelalterliche Wegenetz, das beständig erweitert und ergänzt wurde, hatte neben der Gangbarkeit weitere Vorteile. So standen Reisende jeder Art, wie begüterte Adlige, Handelstreibende und andere Geschäftsleute, aber eben auch Pilger auf besonders ausgewiesenen Hauptstraßen unter dem Schutz der jeweiligen Landesherren. Seinen Ausdruck fand das entweder in regelrechten Geleitzügen, die beispielsweise für besonders wertvolle Waren gewährt wurden, oder nur im Ausstellen von Geleitbriefen, die dem Reisenden eine Art Versicherung gewährten. Wo Wegezölle erhoben wurden, war ein Pilgerbrief Geld wert, indem er den Vorweisenden üblicherweise von der Pflicht zur Zollzahlung befreite.

Mitte:
In der Stadtkirche Sankt Nikolaus des im fränkischen Maintal gelegenen Eibelstadt gibt es neben einem Tilman-Riemenschneider-Altar auch drei spätgotische Gemälde zu sehen. Höchstwahrscheinlich waren es Teile einer Altartafel. Das mittlere Bild zeigt Jakobspilger, die sich mit ihren Pilgerstäben verteidigen; unterstützt werden sie vom heiligen Nikolaus, der am Himmel auftaucht.

Rechts:
Aus dem Jahr 1568 stammt dieser Stich des Jost Ammann, dem ein die Jakobspilger als Nichtstuer und Schmarotzer gering schätzender Text von Hans Sachs beigegeben ist: „Wir Jacobsbrüder mit grossem hauffen / Im Land sind hin und her gelauffen..."

VIA REGIA UND HOHE STRASSEN

Auch wenn heute mit einzelnen Wegbezeichnungen oft nur noch ganz bestimmte Fernverbindungen assoziiert werden, waren sie doch oft Oberbegriffe, die beispielsweise den Besitzer einer Straße, und damit den für den Unterhalt Verantwortlichen benannten. Zu den heute noch bekannten

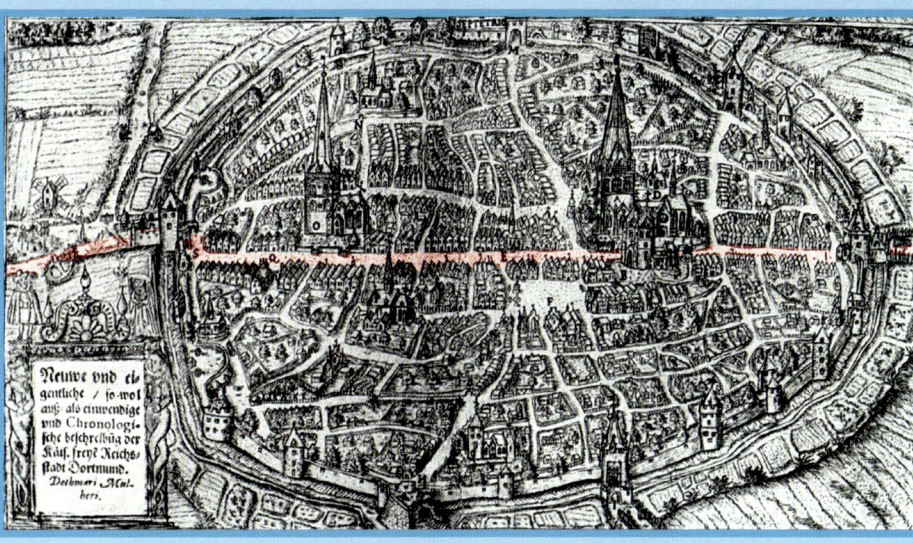

Oben:
Pilgerwege nutzten schon bestehende Straßen, wie hier den durch Westfalen und das Ruhrgebiet verlaufenden Hellweg. Auf dem abgebildeten Stich mit einem Plan Dortmunds von 1610 wird deutlich, wie schnurgerade die Wege verliefen, um die herum oft erst die Städte gewachsen waren.

Links oben:
Wohlhabende Pilger verewigten sich gelegentlich auf den Stationen ihres Weges, indem sie ihr Wappen aufhängten. Von weniger begüterten sind vor allem in Oberschwaben und im Thurgau noch Rötelzeichnungen an Kirchen- und Kapellenwänden erhalten, wie hier in der Kapelle Breitenbach bei Meersburg am Bodensee.

Links:
In der Martinskirche von Ringingen findet sich diese aus dem 18. Jahrhundert stammende Prozessionstafel. Die im unteren Teil dargestellten Pilger erbitten sich Hilfe und Schutz auf ihrer Reise. Ringingen liegt am Hohenzollerischen Jakobsweg von Rottenburg nach Konstanz.

Links:
Die Jakobsmuschel trägt bis heute das Hotel/Restaurant Pilgrim-Haus in Soest im Wappen, das sich gleichzeitig mit Gründungsdatum 1304 das älteste Gasthaus Westfalens nennt.

Straßen gehört beispielsweise die im Mittelalter königlichem Recht unterstellte Via Regia oder Reichsstraße. Wer sie benutzte, unterstand dem Land- oder Königsfrieden, und auch sie durchzog in vielfachen Verästelungen ganz Europa von Ost nach West. In Deutschland ist der Name heute noch geläufig für die Verbindung zwischen den Handelsstädten Frankfurt am Main und Leipzig und von dort weiter bis Görlitz. Eine Via Regia zählte gleichzeitig zu den sogenannten Hohen Straßen, die Niederungen nach Möglichkeit, unter anderem wegen der Hochwassergefahr, umgingen. Auch hatten Reisende auf solchen frühen Höhenwegen und unter Umgehen der Täler nur maximal Bäche, nicht aber Flüsse zu überqueren.

Zu den Pilgerstraßen zählten schließlich ebenso die Hellwege, von denen es ihrerseits einige gab. Die heute noch unter diesem Namen bestehende deutsche Ost-West-Verbindung entspricht in einem langen Teilstück der heutigen Bundesstraße 1. Dass es sich bei den Hellwegen vorwiegend

Mitte:
Auf dem Schabenweg geht es vom Kloster Fischingen im Thurgau nach Rapperswil am Zürichsee über das Hörnli. Der Pass erreicht eine Höhe von 1133 Metern.

Die Schlosskirche Winnenden beherbergt einen prächtigen Jakobus-Schnitzaltar von 1520, der bis heute viele Pilger oder solche, die es noch werden wollen, anzieht. Hier steht auch die „Jakobuslinde", die Entfernungen nennt bis zu den nächsten möglichen Zielen. Bis ins französische Le Puy sind von hier aus noch 858 Kilometer zu bewältigen, bis nach Santiago de Compostela noch 2345.

um Handelsstraßen handelte, steht relativ fest. Um die Befahrbarkeit dieser Fernwege zu sichern, waren die Wege vom jeweils verantwortlichen Besitzer mindestens auf einer Lanzenlänge frei von Bewuchs zu halten. Dass die Wege wörtlich „hell" zu halten waren und daher die Bezeichnung „Hellweg" herrühre, ist allerdings lediglich ein volksethymologischer Erklärungsversuch, denn das Adjektiv „hell" in der heutigen Bedeutung ist schlichtweg ein paar Jahrhunderte jünger als die Bezeichnung „helweg". Die von der Wissenschaft präferierte Hypothese über die Namensherkunft folgt Jacob Grimm und sieht den Ursprung im althochdeutschen Wort „hella" (Totenreich, Hölle). Hellwege waren wohl ursprünglich die Totenwege, auf denen die Verstorbenen gefahren wurden und in der Mythologie die Wege zur Unterwelt. Mit Verblassen dieser Bedeutung wurden die „Hell-" später zu „Heerwegen", wobei auch ihr Einschlagen gleichbedeutend mit blutigen Schlachten und vielfachem Tod werden konnte, wie etwa auf der Strecke von Aachen nach Goslar unter Karl dem Großen.

Pilger nutzten natürlich auch Teilstrecken anderer berühmter Handelsstraßen, wenngleich die europaweit wohl bekanntesten, die Bernstein- und die Seidenstraße, für die deutschen Pilger kaum eine Rolle gespielt haben dürften. Ihrem Namen nach vergleichsweise leicht zuzuordnen sind Wege, die geographische Bezeichnungen aufnehmen. Etwas

mehr Vorsicht ist dagegen bei ganzen Volksgruppen geboten. So gibt es heute zwischen Bamberg und Nürnberg einen fränkischen Jakobsweg und als Fernwanderweg zusätzlich den deutlich längeren, aber immer noch innerhalb der deutschen Landesgrenzen verlaufenden Frankenweg. Der historische Frankenweg, auch als Via Francigena bekannt, ist wiederum ein Pilgerweg, der allerdings nicht nach Santiago sondern einst vom englischen Canterbury bis nach Rom führte. Jakobspilger haben jedoch nachweislich den Schwabenweg benutzt, der am Bodensee beginnt und zum Kloster Einsiedeln führt. Ähnlich wie beim letzten Teilstück des Jakobswegs, dem Camino Francés, bezeichnete wohl auch der Schwabenweg zunächst die ihn vorwiegend benutzenden Reisenden. Die Via Jacobi ist dagegen eine neue Bezeichnung und führt, unter Einbeziehung des Schwabenwegs vom Bodensee bis zum Genfer See durch die Schweiz.

WEGE DER JAKOBSPILGER

Schließlich hat der Europarat 1987 nicht den Jakobsweg, sondern die jetzt ausdrücklich als „Wege der Jakobspilger" bezeichneten Straßen in ganz Europa zur europäischen Kul-

Beim ehemaligen Kloster Bebenhausen, heute zu Tübingen gehörend, führt der Jakobsweg von Würzburg, Rothenburg ob der Tauber, Winnenden und Esslingen her kommend vorbei. Hier sind, anstelle der spanischen, die näherliegenden deutschen Ziele angeschrieben.

Deutschlands wohl unermüdlichste Pilgerin, Gerhilde Fleischer, geht den von ihr mitinitiierten Jakobsweg Nürnberg-Konstanz seit 1996 jedes Jahr. Die pensionierte Lehrerin kümmert sich dabei gleichzeitig um die Pflege und Erneuerung der Wegmarkierungen, wie hier bei Brochenzell.

turroute erhoben und ihre Identifizierung empfohlen. Wie schon in frühester Zeit sind es allerdings auch dieser Tage wieder oft genug wirtschaftliche Interessen, Tourismusförderer oder Handreichungen für strukturschwache Gebiete, die seither eine wahre Inflation von Jakobswegen ausgelöst haben. Dasselbe gilt für die immer unüberschaubarer werdende Flut von Wegbeschreibungen und Erfahrungsberichten Einzelner, die das Internet verzeichnet. Demgegenüber stehen systematische Aufstellungen bereits ausgewiesener Wege, die genügend Leerstellen lassen für alles, was da noch kommen mag. Längst nicht alle Wege können sich tatsächlich auf historisch belegbare Strecken und Pilgerberichte berufen. Ähnlich den Strecken sind die regional wie bundesweit agierenden Jakobus-Gesellschaften nicht mehr ganz leicht unter einen Pilgerhut zu bringen. So wäre auch die Vorgabe der 1987 in Aachen gegründeten Deutschen St. Jakobus-Gesellschaft, ein neu identifizierter Weg müsse sich mindestens auf eine historische Altstraße berufen können sowie zusätzlich historische Zeugnisse der Pilgerbewegung nachweisen, zwar im Interesse des Wegs, bindend ist sie dagegen nicht.

Nach dem für Pilger unerlässlichen Besuch der Konstanzer Mauritiusrotunde und der sie dort mit einem ganzen Arm voller Pilgertaschen erwartenden Jakobusfigur beginnt der historische Schweizer Schwabenweg in Konstanz/Kreuzlingen, von wo aus er zum Kloster Einsiedeln führt.

Auf dem Ulm-Konstanzer Weg haben sich die Wegmarkierer kurz vor Grodt, in dessen Christuskapelle ihrerseits eine Jakobusfigur wartet, eine besondere Kennzeichnung einfallen lassen.

31

Die Kölner „Goldene Kammer", die sich an die Vorhalle der Sankt-Ursula-Kirche anschließt, wurde 1643 durch den kaiserlichen Gesandten Johann von Crane und seine Gattin Verena gestiftet. Der Familienname (französisch für Schädel/Totenkopf) mag das Stifterpaar bewogen haben, diesen ungewöhnlichen Meditationsraum zu schaffen. Er bewahrt 122 Reliquien, Büsten und Kopfreliquiare, die großenteils erst für die Kammer hergestellt wurden, deren Entstehungszeiten aber auch bis zum Ende des 13. Jahrhunderts zurückreichen. Die Wände der Kammer sind mit zu Mustern, Symbolen und Schriftzügen geordneten vergoldeten Knochen überzogen. Standen Gläubige üblicherweise nur den Reliquien gegenüber oder konnten um sie herumgehen, so werden sie hier von lauter Heiligkeit umgeben. Die Legende der heiligen Ursula und der sie begleitenden elftausend Jungfrauen existiert in vielen Versionen. Die am weitesten verbreitete überliefert die Legenda Aurea des Jacobus de Voragine vom Ende des 13. Jahrhunderts, die sich auch des Hühnerwunders annahm.

Linke Seite:
Im Jahr 962 gelangten die Gebeine des heiligen Patroklus als Schenkung des Kölner Erzbischofs Bruno in die Stadt Soest in Westfalen. Sie wurden gleichsam zur Grundlage des Soester Patroklistifts, dessen Stiftskirche, der heutige Dom, 1166 geweiht wurde. Am Hellweg gelegen, wurde Soest bald wichtiges Pilgerziel.

Ganz links:
Auch das Soester Rathaus, das in seiner heutigen Form 1713 bis 1718 als repräsentativer Barockbau errichtet wurde, zollt dem Pilgertum seinen Tribut. An seiner Westseite öffnet sich zur Straße hin eine von neun Arkaden abgeschlossene Halle, über deren Mitte Sankt Patroklus als Schutzheiliger der Stadt thront.

Links oben und unten:
Pilgrim Hius an Sünte Jaokops-Paoten (an Sankt Jakobs Pforten) lautete einst der Name des ältesten westfälischen Gasthauses. Es lag außerhalb der Stadt, unterstand dem Dominikanerinnen-Kloster Paradiese und erhielt 1304 seine Satzung, die bestimmte, dass Wandernde und „durch die Felder Streifende" (Pellegrini) hier Aufnahme und Bewirtung finden sollten. Gemeint waren insbesondere die Jakobspilger. Während der sogenannten Soester Fehde 1444 bis 1449, in der sich die Stadt erfolgreich gegen die bisherige Herrschaft der Kölner Erzbischöfe zur Wehr setzte, wurde die Herberge an ihren heutigen Ort innerhalb der Stadtmauern verlegt.

Links:
Das Essener Münster zählt sowohl baulich als auch im Hinblick auf seinen bedeutenden Domschatz zu den wichtigsten Stationen am Hellweg. Die Essener „Goldene Madonna" ist die erste voll-plastische Mariendarstellung überhaupt. Die 74 Zentimeter hohe, innen hölzerne und mit Goldblech überzogene Figur mit den weit aufgerissenen Emailleaugen entstand um 980 im Auftrag der Äbtissin Mathilde.

Links Mitte:
Neben einer Rochus-Figur im Essener Münster findet sich in der Schatzkammer auch dieser um 1500 entstandene Jakobus. Er gehörte möglicherweise zu einem dem Heiligen geweihten Altar in der Krypta.

Links unten:
Berühmt geworden ist der Essener Domschatz durch die weltweit wichtigste Sammlung ottonisch-salischer Goldschmiedekunst. Zu den Werken des 10. und 11. Jahrhunderts zählen auch vier Vortragekreuze, die auf einer Stange bei Prozessionen mitgeführt wurden. Das hier gezeigte Mathildenkreuz ließ die Äbtissin Theophanu im Gedenken an ihre Vorgängerin um 1051/54 fertigen.

Unten:
Der Westbau des Essener Münsters entstand unter Äbtissin Mathilde (971–1011) und ist der älteste Teil der heutigen Münsterkirche. Im Inneren orientiert er sich klar am Vorbild der Aachener Pfalzkapelle Karls des Großen. Das vornehme Stift für adlige Frauen gehörte im frühen und hohen Mittelalter zu den wichtigsten Institutionen des deutschen Reiches. Mit dem sichtbaren Bezug auf die Pfalzkapelle dokumentierten die Äbtissinnen, die auch einen Sitz im Reichstag hatten, ihren auch weltlichen Machtanspruch.

RELIQUIENKULT – DEM HEILIGEN NAHEKOMMEN

Mitte:
Mit Krone und Märtyrerpalme ist die Büste der heiligen Ursula in der Kölner „Goldenen Kammer" ausgestattet.

Die Verehrung von Überbleibseln oder lateinisch „Reliquiae" heiliger Geschichte ist eng verbunden mit dem Christentum. Man kennt sie allerdings ebenso in anderen Religionen, wie etwa im Buddhismus oder in Teilen des Islam. Reliquien unterlaufen die göttliche Unantastbarkeit, sie machen wie biblische Bildfolgen in Kirchenausmalungen vorstellbar, woran es zu glauben gilt. Wer Heiliges sehen oder besser noch berühren kann, wird leichter geheilt oder geläutert als derjenige, dem von Wundern nur erzählt wird. Der Hang, die Reliquien in besonders prachtvollen Gefäßen zu bewahren, die sie umschließenden Mauern inklusive, hat mitunter allerdings absonderliche Ausmaße angenommen.

GOLDENE GEBEINE

So wurden etwa in der sogenannten goldenen Kammer der Kölner Kirche Sankt Ursula menschliche Knochen vergoldet und mosaikförmig zu Wandreliefs arrangiert. Zugeschrieben hat man sie 11 000 Jungfrauen, die als Begleiterinnen der heiligen Ursula bei Köln den Märtyrertod erlitten haben sollen. Zwar war anfangs nur von elf Jung-

Der ursprünglich um 1150/70 hergestellte Ursulaschrein der Kölner Sankt-Ursula-Kirche wurde nach Zerstörungen im 19. Jahrhundert äußerlich neu gestaltet. Er stand einst im gotischen Chor, den elf Fenster für die elftausend Märtyrerinnen erhellten, auf vier Säulen erhöht. Gläubige konnten so unter ihm hindurchgehen und der Heiligen möglichst nahe sein.

frauen die Rede gewesen, dass sie später vermutlich wegen eines Übersetzungsfehlers eine derart gigantische Vervielfachung erlebten, dürfte aber durchaus im Sinne derer gewesen sein, die mit ihren Reliquien schwunghaften Handel trieben. Das Denken aus vor- und frühchristlicher Zeit, in der Teile Verstorbener noch als unrein gegolten hatten, gab es jedenfalls etwa ab dem 4. Jahrhundert nicht mehr. Im Gegenteil, Heilige, denen eine Art Brückenfunktion in den Himmel beigemessen wurde, wohnten in ihren Knochen, aber auch in Dingen fort, die sie berührt hatten.

Seit dem frühen 13. Jahrhundert erhielten Reliquienbehältnisse Sichtfenster oder sie wurden als Monstranz bei Prozessionen mitgeführt. Die bisher schon aus kostbarsten Materialien hergestellten Schreine stellten bald als sogenannte sprechende Reliquiare für jeden Gläubigen verständlich die äußere Verbindung zu ihrem Inhalt her. So soll beispielsweise das in Form eines Fingers gestaltete Jakobusreliquiar im oberbayrischen Eichstätt einen Fingerknochen des Heiligen bergen. Das Trierer Andreasreliquiar in Form eines vergoldeten Fußes wurde dagegen für die Sandale des Heiligen geschaffen. Der Handel mit Reliquien blüht bis heute. So hatte auch eBay schon Knochensplitter des heiligen Franz von Assisi im Angebot, selbstverständlich nicht ohne sich eine Rüge aus Rom einzuhandeln.

Monstranzen ummanteln und zeigen üblicherweise eine Hostie, die den Leib Christi vertritt. Die Kapselmonstranz der Äbtissin Elisabeth von Nassau aus dem Essener Domschatz geht darüber hinaus und bewahrt Kreuzessplitter, Blutstropfen und einen Teil der Dornenkrone.

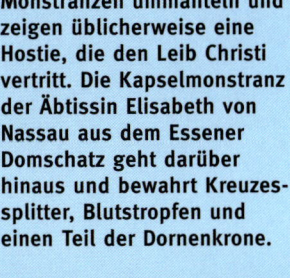

Aus dem 14. Jahrhundert stammt dieses Achatkreuz, das im Essener Frauenstift sowohl als Altarkreuz als auch als Reliquiar diente und Reliquien mehrerer Heiliger birgt.

Ganz links:
Anstelle von Märtyrergebeinen verwahrt der Nürnberger Heiltumsschrein, heute im Germanischen Nationalmuseum, seit dem 15. Jahrhundert die Reichskleinodien: Zepter und Kreuz, das seinerseits ein Stück des Kreuzes Christi enthalten soll.

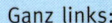

Vermutlich im 15. Jahrhundert entstand dieses Ostensorium aus dem Essener Domschatz, das nicht die enthaltenen Reliquien selbst, sondern nur einen beschrifteten Papierstreifen mit der Aufzählung des Inhalts zeigt.

An Reliquien als Grundsteinen für den Bau von Kirchen und Kathedralen bemaß sich schon vor 1000 Jahren deren Bedeutung und die ihrer Würdenträger. Knochen- oder Kreuzessplitter galten entsprechend als beliebte und wertvolle Geschenke, insbesondere in Königshäusern oder unter Mitgliedern des Klerus. Der Bourbonenkönig Heinrich IV. soll eine Jakobus-Armreliquie besessen haben. Eine weitere wurde vom Abt des Würzburger Schottenklosters an einen Augsburger Bischof verschenkt, von dort muss sie später nach Spanien gelangt und schließlich ganz verschollen sein. Wer weiß es, vielleicht hat sie ja auch ein Pilger heimlich zurück nach Santiago getragen, dem an der Totenruhe des Heiligen gelegen war.

Ein Glanzstück aus der Domschatzkammer Essen: Das Armreliquiar der Äbtissin Beatrix von Holte gehört zu den sprechenden Reliquiaren, deren äußere Form Rückschlüsse auf den Inhalt zulässt. In diesem Fall wird der enthaltene Armknochen dem Stiftspatron Cosmas zugeschrieben.

Als Ausgangspunkt für Hermann Künig von Vachs „Niederstraß" war Aachen im Norden ein mindestens ebenso bedeutender Pilgersammelpunkt wie Einsiedeln im Süden. Pilger aus dem Norden sahen den Mariendom zuerst aus dieser Ansicht. Von hier aus ging es weiter über Lüttich, Laon und Tours zum spanischen Jakobsweg.

Der achteckige Zentralbau der Pfalzkapelle, die Karl der Große Ende des 8. Jahrhunderts noch vor seiner Kaiserkrönung hatte bauen lassen, ist der Kernbau des heutigen Aachener Doms. Die Kapelle nutzte als berühmtes Vorbild das Oktogon der 547 geweihten Basilika San Vitale in Ravenna.

Seit Otto I. blieb der Aachener Dom von 936 bis 1531 die Krönungsstätte der deutschen Könige. Karl der Große war in Rom zum Kaiser gekrönt worden. Seinen schlichten Thron auf der Empore der Pfalzkapelle besteigen, hieß indes, seine direkte Nachfolge anzutreten. Wegen Karls besonderem Jakobusbezug reihte sich etwa Friedrich II. am Jakobustag, dem 25. Juli 1215 in diese Tradition ein.

Auf die Legende, die in Karl dem Großen den ersten Jakobspilger und Entdecker des Grabes hatte sehen wollen, nehmen auf dem zwischen 1185 und 1215 entstandenen Karlsschrein im Mariendom zu Aachen gleich fünf verschiedene Darstellungen Bezug. Der heilige Jakobus erscheint dabei Karl im Traum und fordert ihn auf, den Sternen bis zu seinem Grab nach Spanien zu folgen und es von den Mauren zu befreien.

Unten:
Der spätrömisch-romanische Trierer Dom wurde 1986 zum UNESCO-Weltkulturerbe ernannt und ist durch einen Kreuzgang mit der früh- gotischen Liebfrauenkirche verbunden. Für Pilger hatte Trier große Bedeutung durch seine Heilig-Rock-Reliquie, die sich als Tunika Christi versteht.

Rechts oben:
Der Barockgarten von Perl an der Mosel liegt an einer Neben- strecke des Jakobswegs von Trier über Metz ins Burgund. Zwar sollen Reliquien des heiligen Quirinus auf dem Weg nach Neuss 1050 nur eine Nacht hier verbracht haben. Eine Kapelle wurde dem Heiligen dennoch geweiht. Sie liegt dem Barockgarten gegenüber.

Rechts Mitte:
Sowohl für Matthias- als auch für Jakobspilger aus dem Rheinland war die Benedikti- nerabtei Sankt Matthias in Trier Station oder Ziel, bean- sprucht sie doch für sich, über dem Grab des Apostels Matthias errichtet zu sein.

Rechts unten:
Erwartet Pilger in Perl der Barockgarten, folgt gleich im Ortsteil Nennig eine neu angelegte Rennaissance-Variante. Das sich darüber erhebende, im Zweiten Weltkrieg fast völlig zerstörte und in den Fünfzigerjahren wieder aufgebaute Schloss Berg beherbergt heute ein Luxushotel und Sternerestaurant.

Linke Seite:
Am Kinzigtäler Jakobsweg liegt die 1433 erstmals errichtete und 1660 nach ihrer Zerstörung neu wieder aufgebaute Jakobuskapelle Wolfach. Ihren heutigen barocken Hauptaltar von 1705 beherrscht die Jakobusfigur.

Ganz links:
Oberhalb von Wolfach liegen die Kapelle und eine Einsiedelei. Der Weg, der vom Ort heraufführt, ist für Pilger leicht zu erkennen.

Links:
An die Einrichtung des Kinzigtäler Jakobswegs im Jahr 1993 erinnert ein Gedenkstein bei der Jakobuskapelle Wolfach.

Ganz links:
Das Motiv der „Pilgerkrönung" findet sich vor allem im südwestdeutschen Raum, wie in dieser Figurengruppe im Villinger Münster, die ursprünglich aus der verschwundenen Jakobuskapelle im benachbarten Nordstetten stammt.

Links:
Eine „Pilgerkrönung" vom Ende des 12. Jahrhunderts, die den so Ausgezeichneten höchsten himmlischen Ruhm verspricht, findet sich auch in der Nikolauskapelle des Münsters von Freiburg im Breisgau.

Rechts:

Zu den beeindruckendsten Zeugnissen des Jakobuskultes in Deutschland zählt zweifellos der Schnitzaltar in der Schlosskirche Winnenden. Der um 1520 entstandene, dem Umkreis des Jörg Töber aus Hagenau zugeordnete Flügelaltar zeichnet die Jakobuslegende in acht Bildern nach, darunter auch die Enthauptung des Apostels und Verschiffung seines Leichnams.

Ganz rechts:

Die Jakobuskirche, die turmlose spätere Spitalkirche in der Unterstadt, wurde um 1200 zunächst als Kapelle errichtet. Sie ist die älteste Kirche Tübingens.

Rechts:

An der Pfarrkirche Sankt Martin in Hirrlingen findet sich der Grabstein eines Jakobspilgers, auf dem vermerkt ist, dass der Begrabene in Santiago de Compostela war. Der Ort liegt am Hohenzollerischen Jakobsweg an der alten Römerstraße zwischen Rottenburg und Rottweil.

Ganz rechts:

Die Martinskirche in Ringingen verwahrt die Prozessionstafel der „Bruderschaft der Maria vom guten Rat". Im oberen Bildteil ist eine Kopie des Gnadenbildes der „Muttergottes von Genazzano" eingearbeitet, das Pilgern göttlichen Schutz verheißt. Der Herr, so heißt es, wies ihnen den Weg bei Tag in Form einer Wolke, in der Nacht in der einer Feuersäule.

Ganz links:
In der am Hohenzollerischen Jakobsweg gelegenen Pfarrei Killer gab es vermutlich bis 1880 eine Jakobusbruderschaft. Die in der Kirche Mater Dolorosa erhaltene Jakobusstatue stammt von 1490. Rückseitig enthält sie einen Opferstock. Münzen konnten durch einen Schlitz im Knie eingeworfen werden.

Links:
Jakobus wacht in der Jakobuskirche von Tübingen in einem der Schlusssteine des spätgotischen Netzgewölbes im Chor über Gläubige und Pilger.

Ganz links:
Die „Sonnenfigur" aus dem gotischen Chor der Tübinger Jakobuskirche ist wohl Überbleibsel einer alten keltischen Kultstätte.

Links:
Von außen ins Innere der Tübinger Jakobuskirche kamen anlässlich ihrer Renovierung 1975 mehrere Grabsteine. Unter ihnen findet sich auch ein Pilger mit Stab, über dessen Herkunft allerdings nichts bekannt ist.

DAS GALGEN- ODER HÜHNERWUNDER

Kaum einem Heiligen wurden je so viele Mirakel zugeschrieben, wie Jakobus dem Älteren und kaum ein Wunder erfreute sich insbesondere im deutschen Sprachraum größerer Beliebtheit als das sogenannte Galgen- oder Hühnerwunder. Wie immer bei vielfach weitergegebenen Geschichten haben sich mehrere Fassungen desselben Stoffs erhalten, wobei bemerkenswerterweise in diesem Fall am Anfang zwar das Wunder war, aber noch nicht das Huhn. Die Urgeschichte findet sich bereits im 12. Jahrhundert im Liber Sancti Jacobi. Hier ist noch von zwei wohlhabenden deutschen Pilgern die Rede, von Vater und Sohn: Auf dem Weg nach Santiago geraten sie in die Hände eines betrügerischen Gastwirts, der es auf den Besitz der beiden abgesehen hat. Deshalb versteckt er einen silbernen Becher in ihrem Gepäck, um sie anderntags des Diebstahls zu bezichtigen. Der Richter macht kurzen Prozess, der Sohn wird gehenkt, nur der Vater darf weiter nach Santiago reisen, wo er Jakobus sein Leid klagt und den unglaublichen Bescheid bekommt, sein Sohn lebe noch.

Erst im späten 13. Jahrhundert treten die Hühner auf den Plan. Diesmal versucht die Wirtstochter erfolglos den Sohn zu verführen. Die Rache folgt in dem schon bekannten Silberbecher, der Sohn überlebt auch diesmal, durch Jakobus gestützt, am Galgen. Der glückliche Vater geht nach seiner Rückkehr aus Santiago, je nach Quelle variierend, mal zum Wirt, mal zum Richter und erzählt von dem noch lebenden Sohn. Der jeweils Angesprochene sitzt gerade bei Tisch und verhöhnt den Vater mit dem berühmten Satz, dass eher diese beiden Hühner vom Bratspieß flögen, als dass der Sohn am Galgen noch lebe. Keine Frage, dass darauf die Hühner sofort davon flattern. Am Galgen enden jetzt, je nach Variante und in Jakobus' Sinn zur Strafe für die falsche Gastfreundschaft, die Tochter oder der Wirt. Hermann Künig von Vach nimmt die Hühner noch als Heiligenbeweis auf und untermauert die Geschichte mit der Bemerkung, er habe das Loch selbst gesehen, durch das die Hühner geflogen seien.

Abgesehen von den in der Kathedrale von Santo Domingo de la Calzada gehaltenen lebenden Hühnern, die die Erinnerung an das Wunder bis heute wach halten, findet es sich

Oben:
Auch der Winnender Jakobusaltar beschreibt das Galgen-
und Hühnerwunder. Auf dem
rechten Seitenflügel finden
die von Santiago zurück-
kehrenden Eltern ihren noch
lebenden Sohn am Galgen
und sprechen daraufhin beim
Richter vor.

Links:
Am Luzerner Jakobsweg liegt
die dem Heiligen geweihte
Kapelle auf der Bösegg, die
ihrerseits über eine Darstellung des Hühnerwunders,
diesmal in nur drei Bildern
verfügt. Gestiftet wurde das
mit lapidar einfachen
Kommentaren versehene
Werk 1772 von ehemaligen
Pilgern aus der Region.

besonders im deutschen Sprachraum in vielfachen Darstellungen. So hat etwa die Jakobuskirche in Rothenburg ob der
Tauber ihr Hühnerwunder, es ist in einem Freskenzyklus der
Jodokuskapelle in Überlingen am Bodensee dargestellt und
im schon erwähnten Schnitzaltar der Schlosskirche im baden-
württembergischen Winnenden, das heute eine Städtepart-
nerschaft mit Santo Domingo de la Calzada unterhält.
Noch beliebter war das Wunder in der Schweiz. Hier greift

unter anderem eine ausführliche Darstellung in acht Bildern
im Flügelaltar der Jakobuskapelle in Ermensee im Kanton
Luzern auf die Geschichte zurück. Berühmt geworden ist
daneben die Darstellung an der Außenwand der Friedhofs-
kapelle in Tafers im Kanton Freiburg/Fribourg aus dem
18. Jahrhundert. Auch die Städte Bern (Antonierkirche) und
Zürich (Augustinerkapelle) haben ihre Hühnerwunder, in
Basel wurden sie übermalt.

49

Zu den Jakobspilgerzielen am Bodensee gehört auch die Sankt-Jodok-Kirche in Überlingen, wurde doch auch Jodokus als Pilgerschutzheiliger verehrt und gewöhnlich mit Pilgerstab und Muschel dargestellt. Der Jakobusbezug reicht hier aber deutlich weiter. Auch ein erst 1903 wieder freigelegter Freskenzyklus aus dem 15. Jahrhundert widmet sich sehr detailliert dem Galgen- und Hühnerwunder.

In der Sankt-Jodok-Kirche in Überlingen findet sich das Galgenwunder als lebhafte Wandmalerei: Deutlich erkennbar sitzt links der heilige Jakobus unter dem gehenkten Jüngling und bewahrt ihn so vor dem Tod am Galgen, während in der danebenliegenden Szene gerade die Hühner vom Bratspieß und aus dem Zyklus herausflattern.

Neben ihrem neugotischen
Hochaltar und den Plastiken
der Heiligen Nikolaus und
Katharina aus dem 15. und
17. Jahrhundert verfügt die
Jakobuskapelle in Nonnen-
horn über eine von ihrem
Patron dominierte Figurengruppe. Ihm zur Seite stehen
der Apostel Petrus und der
Evangelist Johannes.

In Nonnenhorn am Bodensee
trafen Jakobswege von Augsburg und München zusam-
men. Vermutlich wurden
Pilger von hier aus über den
See gesetzt. Gleich neben
der im 13. Jahrhundert errich-
teten Jakobuskapelle lädt
hier auch der historische
„Gasthof zur Kapelle",
dessen Wirtshausschild eine
Jakobusfigur schmückt.

Rechts:
Mit seinen vier Türmen beherrscht der Bamberger Dom die Altstadt. Die nach zwei Großfeuern 1237 zum dritten Mal wiederaufgebaute Kathedrale gehört mit dem Grab Heinrichs II. und seiner Ehefrau Kunigunde, die beide heiliggesprochen wurden, zu den deutschen Kaiserdomen.

Unten:
Das am fränkischen Jakobsweg gelegene Bamberg begeistert Besucher durch seine weitgehend unzerstört erhaltene historische Altstadt. Zu den vielen Sehenswürdigkeiten zählt auch das mitten in den Fluss Regnitz gebaute und 1387 erstmals erwähnte historische Rathaus.

Oben:
Mit der Festung Marienberg im Rücken wacht von der Mainbrücke aus der heilige Kilian über die Bischofsstadt Würzburg. Kilian, ein iro-schottischer Missionar, soll 689 hier ermordet worden sein, nachdem er den Würz-burger Herzog Gozbert zum Christentum bekehrt hatte.

Links:
Die Klosterkirche Don Bosco im Würzburger Mainviertel, heute auch „Schottenkirche" genannt, weil sie von schotti-schen Mönchen gebaut wurde, war dem Apostel Jakobus geweiht. Hier beginnt heute der fränkisch-schwäbische Jakobsweg, der weiter über die Mainbrücke und auf den Dom zu führt.

Unten:
Die Sankt-Jakobs-Kirche in Rothenburg ob der Tauber wird vor allem wegen ihrer beiden Tilman-Riemenschneider-Altäre besucht. Ihr Hauptaltar von 1466 stammt jedoch nicht von dem berühmten Bildschnitzer sondern von Friedrich Herlin und wird der „Zwölfbotenaltar" genannt.

Rechts oben:
Zwischen den Jahren 1500 und 1506 ist dieser Sandstein-Jakobus entstanden, den als Leihgabe der Marienkapellen-stiftung Würzburg heute das dortige Museum am Dom bewahrt.

Rechts Mitte und unten:

Unter den plastisch gearbeiteten Figuren des „Zwölfbotenaltars" der Sankt-Jakobs-Kirche in Rothenburg ob der Tauber darf selbstverständlich auch der als Pilger ausgestattete Jakobus nicht fehlen. Während die auf der Flügelrückseite dargestellte Jakobuslegende nur bei geschlossenem Altar zu sehen ist, bleibt der Altarsockel, die Predella, die ihrerseits einen Jakobus zeigt, ganzjährig sichtbar.

55

DER PILGERWEG VON NÜRNBERG NACH EINSIEDELN

Startpunkt für unseren beispielhaft ausgewählten süddeutschen Jakobsweg ist Nürnberg. Die 1050 erstmals urkundlich erwähnte spätere freie Reichsstadt war sowohl Schnittpunkt alter Handels- als auch Pilgerwege. Von hier aus brachen Gläubige wie der Kaufmann Stephan Praun nach Santiago auf, dessen auf 1571 datierte vollständige Pilgerausstattung noch im Germanischen Nationalmuseum bewundert werden kann.

Vorbei an einer Vielzahl von Jakobsdarstellungen und dem Heiligen geweihten Kirchen, führt diese Route beim höchsten gotischen Kirchturm der Welt in Ulm vorbei, von dessen Spitze aus der oberschwäbische Jakobusweg bis nach Konstanz überblickt werden kann. Am Weg liegen auch die imposante barocke Dorf- und Wallfahrtskirche von Steinhausen sowie die größte deutsche Barockkirche im nahe Ravensburg gelegenen früheren Kloster Weingarten.

In der Mauritiusrotunde des Konstanzer Münsters begrüßt einmal mehr eine Jakobusfigur die Pilger. Der Heilige trägt diesmal ein ganzes Bündel Pilgerstäbe und mehrere mit Muscheln besetzte Taschen. Auf dem sogenannten Schwabenweg geht es nach der Grenze zur Schweiz jetzt auf die nächste rund 90 Kilometer lange Etappe zu einem weiteren architektonischen Glanzpunkt der Strecke, dem Kloster Einsiedeln.

Der Weg aus Ulm hinaus führt über kahle Höhenzüge und erinnert anstatt an mittelalterliche, an die jüngere und weit dunklere deutsche Geschichte. Er führt vorbei am KZ Oberer Kuhberg, das das gleichnamige Fort der Bundesfestung Ulm von 1933 bis 1935 nutzte. Der prominenteste unter den 3000 politischen Gefangenen war der Reichstagsabgeordnete und spätere Bundesvorsitzende der SPD, Kurt Schumacher.

Oben:
In der Pilgerstadt Nürnberg bietet sich vom Ufer und den Brücken der Pegnitz aus manche Postkartenansicht, so der Blick von der Maxbrücke zum überdachten Henkersteg, der erstmals 1320 errichtet wurde.

Rechts:
Der „Schöne Brunnen" am Nürnberger Hauptmarkt wurde Ende des 14. Jahrhunderts in Form einer gotischen Kirchturmspitze geschaffen, steht hier aber heute nur noch als Kopie.

Bilder ganz rechts:
Wegweiser orientieren die Pilger an der Nürnberger Sankt-Jakobs-Kirche, die sich im südwestlich der Altstadt gelegenen Jakoberviertel als Ausgangspunkt des mittelfränkischen Weges nach Rothenburg anbietet. In der Pfeilerbasilika Sankt Sebald begegnen Pilger wieder ihrem Schutzpatron Jakobus.

58

Oben:
Zu den Wahrzeichen der
Pilgerstadt Nürnberg gehört
die Kaiserburg, die sich
zusammen mit der Burg-
grafenburg zu einem einzig-
artigen Ensemble vereinigt.
In Richtung Süden bietet sie
einen herrlichen Blick auf
das Handwerkerviertel und
die Altstadt.

Links:
Sankt Sebald ist als ältere der
beiden großen Nürnberger
Stadtkirchen auch gleich-
zeitig seit 1525 die älteste
evangelisch-lutherische Pfarrkirche der Stadt. Obgleich
sie weitgehend schlicht ausgestattet ist, verfügen die
Pfeiler des Mittelschiffs noch
über reichen Figurenschmuck.

Unten:
Ornbau an der Altmühl, etwas abseits am Jakobsweg Nürnberg-Ulm gelegen, lohnt von Gunzenhausen aus einen Abstecher nicht nur wegen seiner 1058 geweihten Sankt-Jakobus-Pfarrkirche, die sich gleich hinter dem Torhaus an der alten Brücke erhebt. Das Städtchen, das jeweils am letzten Wochenende im Juli auch zur Jacobi-Kirchweih lädt, verfügt über weitere mittelalterliche Bauwerke, so seinen Diebsturm aus dem 15. Jahrhundert und Reste der ebenfalls aus dieser Zeit stammenden dritten Stadtmauer.

Rechts oben:
Von Nürnberg aus erreichten mittelalterliche Pilger als erste Station Schwabach, an dem sich die Burgunder- und Italienstraße kreuzten. Heute präsentiert sich die Stadt der Goldschläger als erstes mit den goldglänzenden Turmdächern ihres 1528/29 erbauten Rathauses.

Rechts Mitte:
Auch Rast muss sein. Als einer von vielen Rastplätzen bietet sich die zwischen Schwabach und Gunzenhausen an der fränkischen Rezat gelegene historische Pflugsmühle an.

Rechts unten:
Ein echter und ein bronzener Pilger treffen vor der Jakobskirche in Oettingen aufeinander. Aufeinander trafen hier nach dem Augsburger Religionsfrieden von 1555 auch zwei Konfessionen, wurde die Bevölkerung doch einfach je zur Hälfte auf die evangelische und katholische verteilt.

Oben:
Von dem auf dem Nürnberg-Ulmer Weg gelegenen Theilenberg aus bietet sich ein herrlicher Blick ins Land und auf die in der Mitte des 13. Jahrhunderts entstandene Burg Wernfels. Heute wird sie als Jugendherberge betrieben.

Rechts:
Südlich von Gunzenhausen trifft der Jakobs- mit dem Altmühltal-Panoramaweg zusammen. Einen herrlichen Ausblick bietet hier auch die im 12. Jahrhundert erbaute Burg Spielberg, die zuerst zum Burgensystem der Grafen von Truhendingen gehörte.

Links:
In Dürrenmungenau wartet erneut eine Sankt-Jakobus-Kirche. Mit ihrem markanten Fachwerkturm ist die heutige evangelisch-lutherische Pfarrkirche schon von Weitem erkennbar.

Unten:
Eine eigene Kirche am Jakobsweg hatte sich im 15. Jahrhundert die Nürnberger Patrizierfamilie Rieter bauen lassen. Die nach der Familie benannte Kirche in Kalbensteinberg diente Mitgliedern auch als Grablege.

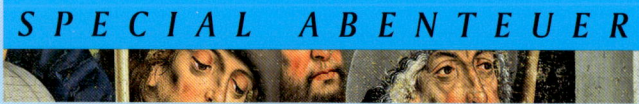
WARUM? PILGERMOTIVE FRÜHER UND HEUTE

Mitte:
**Auf der Rück- oder Werktags-
seite des Hauptaltars in der
Rothenburger Sankt-Jakobs-
Kirche finden sich neben
Szenen aus der Jakobslegende
auch diese Jakobspilger.**

Die Motive, den Jakobsweg zu gehen, sind heute für gewöhnlich andere als sie es noch im Mittelalter waren. Das Bild des Fürsprechers und wundertätigen Unterstützers in den verschiedensten Nöten sowie jenes des zuverlässigen Befreiers, wenn auch nicht von den Sünden selbst, aber von den notwendig auf sie folgenden Strafen, hatte spätestens von der Aufklärung an deutlich an Gewicht verloren. Nach der französischen Revolution und der folgenden Säkularisierung brachen die Pilgerströme folgerichtig nahezu vollständig ab. Mit dem Wiederaufkommen im späten 20. Jahrhundert kehrte dagegen ein neuer Geist ein. Während heute gerne der Weg zu sich selbst als Grund genannt wird, die Erfahrung der eigenen Grenzen oder die Ruhe und Kontemplation unterwegs, drängten die Pilger des Mittelalters andere Gründe zum Aufbruch. Nicht allein wer sich der Last seiner Sünden entledigen wollte, tat den ersten Schritt, sondern

**Drei Jakobsmuscheln schmü-
cken auch das Stammwappen
derer von Metternich, das in
mehreren Variationen an der
einstigen Johanniterkommende
in Rothenburg ob der Tauber
zu finden ist. Heute dient sie
als mittelalterliches Kriminal-
museum.**

auch wer in einer Stunde höchster Gefahr gelobt hatte, zum Jakobusgrab zu gehen, oder wem es darum ging, sich mit einem wichtigen Wunsch an den Heiligen zu wenden. Anderen war das Pilgern als Buße auferlegt oder sie waren regelrecht per Gericht zur Strafwallfahrt bestimmt, im schlimmsten Fall in Ketten. Zudem gab und gibt es bis heute sogar Leihpilger, die gegen Gebühr die Sünden anderer mit auf den Weg nehmen. Schon früh dürften schließlich zudem touristische Aspekte eine Rolle gespielt haben und mancher offiziell tiefgläubige Pilger wurde mindestens zusätzlich von Abenteuerlust getrieben.

FLUCHT UND BESTRAFUNG

Vieles muss allerdings Mutmaßung bleiben. Schriftliche Zeugnisse sind aus dem hohen Mittelalter fast nur aus den gehobenen Ständen erhalten, da die gemeine Bevölkerung für gewöhnlich weder lesen noch schreiben konnte. Umso dringender muss das Bedürfnis mitunter wohl gewesen sein, wenigstens einmal im Leben über den selbst bestellten Acker hinauszublicken. Aber auch Flucht war ein mögliches

Zu den ältesten Adelsgeschlechtern in Franken gehört die Familie von Eyb, deren Wappen, hier im Kreuzgang beim Würzburger Kiliansdom, drei rote Jakobsmuscheln zieren.

Als Gedenktafel für wohlhabende Verstorbene wurden seit dem 12. Jahrhundert Totenschilde, für Deutschordensritter sogenannte Aufschwörschilde in Kirchen aufgehängt. Über eine große Auswahl solcher Schilde verfügt die Nürnberger Kirche Sankt Jakob, die bis 1806 im Besitz des Deutschordens war.

Motiv, etwa vor in der Heimat gerade wütenden Seuchen. Eine Pilgerurkunde konnte dabei gleichzeitig als Passierschein gelten, um über die zahlreichen Grenzen zu kommen. Es konnte kaum ausbleiben, dass der Pilgerstand in Verruf geriet. Unter dem weiten Mantel kamen, so beschreibt es unter anderem der Nürnberger Dichter Hans Sachs im Jahr 1568, auch Bettler und Vagabunden unter. Das Ziel solcher sogenannten „Muschelbrüder" war in der Regel denn auch nicht Santiago sondern eher ein kurzfristiges Unterkommen. In einigen französischen Klöstern wird heute noch erzählt, um die Pilger habe man sich bewusst außerhalb der Klostermauern gekümmert. Zum einen, weil es mitunter solche Massen waren, dass der vorhandene Raum nicht ausgereicht hätte, zum anderen, weil nicht immer leicht erkennbar war, wer unter dem Pilgergewand steckte und was er im Schilde führte. Immerhin dürfte das bei ernsthaft zum Pilgern Verurteilten noch vergleichsweise leicht erkennbar gewesen sein. Die Frage, was einer allerdings verbrochen haben musste, um wortwörtlich bis ans Ende der Welt geschickt zu werden, lässt sich heute kaum noch umfassend klären.

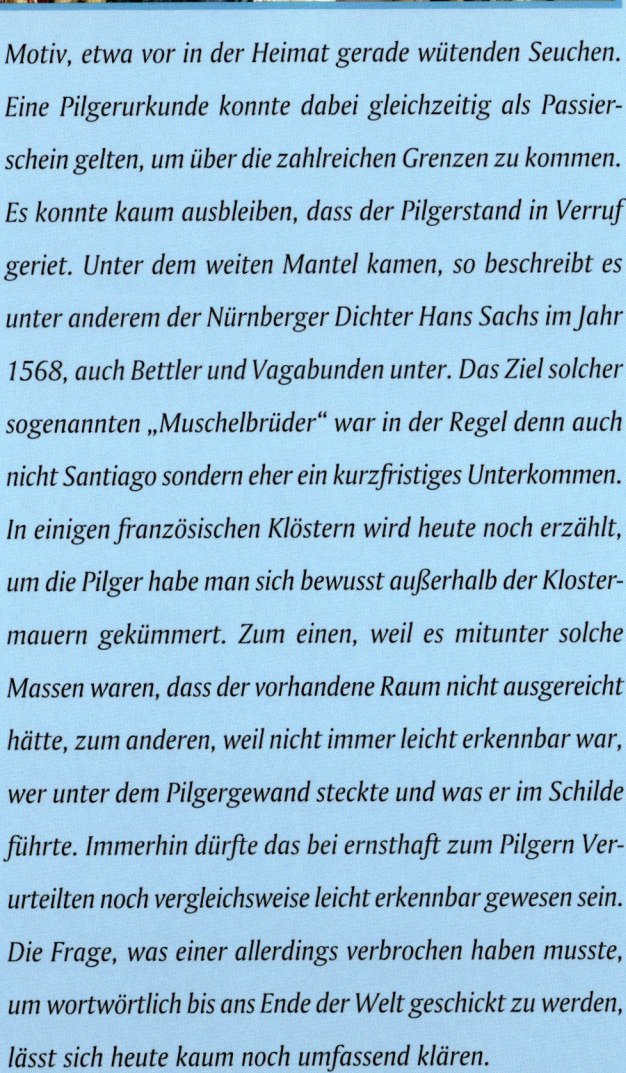

Mitte:
Über Exvotos oder Votivtafeln aus mehreren Jahrhunderten verfügt die Klosterkirche Einsiedeln. Sie wurden als Weihegeschenke aufgrund von Gelübden in Auftrag gegeben und, ähnlich wie vorchristliche Opfergaben, der Kirche gestiftet.

Unten:
Zu der im Jahr 1493 erschienenen sogenannten Schedel'schen Weltchronik steuerte der mit dem Verfasser befreundete Nürnberger Humanist Hieronymus Münzer die erste gedruckte Deutschlandkarte bei.

Unten rechts:
In Nürnberg war auch der Dichter Hans Sachs (1494–1576) zuhause, hier in einem Holzschnitt seines Zeitgenossen Hans Brosamer. Sachs ließ gerne fiktive Personen etwa über Themen aus der Reformation diskutieren. In Spottreimen hatte er sich auch der Jakobspilger angenommen.

Nach Santiago zog es auch begüterte Pilger, die oft zusätzlich politische Aufträge mit ihrer Reise verbanden und die Pflege von Handelsbeziehungen. Naheliegenderweise war die Orientierung des Hauses Habsburg in Richtung Spanien vom 15. Jahrhundert an immer wieder Grund für Reisen Abgesandter aus Deutschland oder der Schweiz, wo die Stammburg der in Europa über Jahrhunderte herrschenden Dynastie liegt. Bei Hieronymus Münzer, dem Nürnberger Arzt und Humanisten, der 1494 nach Santiago kam, wird ein Auftrag aus hohem Hause zumindest vermutet. Dass wohlhabende Pilger wie Münzer nicht zu Fuß reisten, sondern zu Pferd oder per Kutsche oder gegebenenfalls per Schiff, versteht sich von selbst. Einmal angekommen, ließ es Münzer auch nicht allein beim Nordwesten der iberischen Halbinsel bewenden. Er steuerte in einer regelrechten Rundreise außer Santiago noch zahlreiche weitere Ziele an. Auch von anderen Santiagofahrern haben sich Pilgerberichte erhalten, die eher die Form von Reisetagebüchern haben und sich höchstens nebenbei Glaubensfragen oder -erfahrungen widmen. Neben dieser frühen Form der Bildungsreise konnte eine Santiagofahrt mitunter dem Standesdenken geschuldet sein. So war es üblich, unterwegs,

vor allem in der Kathedrale von Compostela, Familienwappen sozusagen im Sinne eines „... was here" aufzuhängen. Ein Beispiel dafür ist die Nürnberger Patrizierfamilie Rieter, deren Wappen Pilgernde mehrfach begegnen, unterwegs im südlich ihrer Heimatstadt gelegenen Kalbensteinberg sogar in einer eigenen Kirche.

Ein Stück Verantwortung

Den Jakobsweg Hieronymus Münzers, des Kaufmanns Sebald Oertel, der Rieter und weiterer Pilger, der sich auf

grund ausführlicher mittelalterlicher Pilgerberichte historisch zweifelsfrei belegen lässt, geht Deutschlands vermutlich treueste Pilgerin Gerhilde Fleischer seit 1996 Jahr für Jahr. Mit derselben Regelmäßigkeit besucht sie jeweils in der Karwoche und dann in der Funktion einer Reiseleiterin Santiago de Compostela selbst, diesmal allerdings nicht zu Fuß. „Ihre" Strecke von Nürnberg nach Konstanz pflegt und bewahrt die inzwischen pensionierte Lehrerin, die auch dem Vorstand der Deutschen St. Jakobus-Gesellschaft angehört, dagegen ohne den Einsatz öffentlicher oder privater Verkehrsmittel. Unterstützt wird sie von einer Gruppe von Mitpilgern in jeweils wechselnder Besetzung, die verlorengegangene oder beschädigte Wegzeichen ersetzt, Büsche, die Beschilderungen überwuchern, zurückschneidet. Gerhilde Fleischer, die sich vielfach schriftlich geäußert hat, kennt den Weg und seine Geschichte wie kaum ein anderer. Sie fühlt sich ihm tief verbunden und denkt noch lange nicht daran, ihre jährlichen Wanderungen einzustellen. Nach dem Warum befragt, nennt sie als Bild die Geschichte von Antoine de Saint-Exupérys Kleinem Prinzen und dessen Begegnung mit dem Fuchs. Er habe ihn sich vertraut gemacht, sagt der Fuchs nach der Annäherung der beiden aneinander sinngemäß, nun sei er auch zeitlebens für ihn verantwortlich.

Oben:

Am Jakobsweg Nürnberg-Ulm liegt das 752 ins Leben gerufene Kloster Heidenheim. Es war Wirkungsstätte der heiligen Walburga, der Schwester des Klostergründers. Selbst hier Äbtissin, aber auch missionarisch tätig, wurden der Heiligen vor allem in Deutschland und Frankreich zahlreiche mildtätige Wunder nachgesagt.

Rechts:

Noch zu einem großen Teil von einem Mauerring aus dem 13. Jahrhundert mit Stadttoren umgeben ist die am Jakobsweg Nürnberg-Ulm gelegene alte Residenzstadt Oettingen. Deren 1555 verfügte Religionsteilung in katholisch und reformiert schlägt sich bis heute optisch in einander gegenüberliegenden Barock- und Fachwerkfassaden nieder.

Oben:
Südwestlich von Nürnberg passieren Pilger die vielfach umgebaute Burg Abenberg, deren Grundmauern bis ins 11. Jahrhundert zurückgehen. Heute beherbergt sie ein Hotel und Tagungshaus.

Links:
Die den Heiligen Martin und Sebastian geweihte Pfarrkirche von Utzmemmingen im Nördlinger Ries wurde nach ihrer Zerstörung im Dreißigjährigen Krieg im Barockstil wieder aufgebaut. Der Ort selbst wird 852 in einer Schenkungsurkunde an das Kloster Fulda erstmals erwähnt.

Unten und rechts oben:

Der 89,9 Meter hohe „Daniel" bietet nach 350 Turmstufen einen berauschenden Ausblick über die Nördlinger Altstadt und das Ries. Sein Grundstein wurde 1454 gelegt, der Bau 1490 abgeschlossen. Seinen Namen soll der Turm der Sankt-Georgs-Kirche dem biblischen Daniel verdanken und dem Vers: „Und der König erhöhte Daniel … und machte ihn zum Fürsten über das ganze Land" (Daniel 2,48). So eindrucksvoll der Ausblick von oben ist, so majestätisch steht der Turm der Sankt-Georgs-Kirche im Zentrum der Altstadt. Er schmiegt sich an die spätgotische Hallenkirche an, das Wahrzeichen der Stadt, an dem von 1427 bis 1505 gebaut wurde.

Rechts Mitte:
Aussicht in die malerische Nördlinger Altstadt bietet auch die vollständig erhaltene, im Jahr 1327 auf Geheiß Ludwigs des Bayern errichtete 2,6 Kilometer lange Stadtmauer mit ihrem begehbaren Wehrgang.

Rechts unten:
Das dreischiffige, in sechs Joche unterteilte Langhaus von Sankt Georg wird in 23 Meter Höhe von einem Netzrippengewölbe abgeschlossen. Das Chorgestühl wird dem lokalen Kunstschreiner Hans Tauberschmid zugeschrieben, der um 1500 wirkte.

71

Mit dem Kloster Elchingen als nächstem Ziel ist noch eine letzte Anhöhe zu nehmen, bevor es bergab ins Donautal weitergeht. Als Benediktiner-kloster vermutlich im frühen 12. Jahrhundert gegründet und später mehrfach zerstört, stehen heute nur noch wenige Teile, darunter die Klosterkirche als Bau des 18. Jahrhunderts.

Leuchtend-gelb blühende Rapsfelder lohnen den Rund-umblick vom Kloster Neres-heim im Frühjahr noch einmal mehr. Die oberhalb der Stadt gelegene Anlage geht auf eine Gründung des Grafen von Dillingen von 1095 als Augus-tiner-Chorherrenstift zurück.

Rechte Seite:
Die heutige Abtei Neresheim wurde von 1747 bis 1792 nach Plänen des 1753 verstorbenen Balthasar Neumann gebaut. Ihre Deckenfresken stammen von dem Tiroler Martin Knoller. Mit Muschel und Kalebasse ist in der Kuppel, dem „Neresheimer Himmel", auch Jakobus dargestellt.

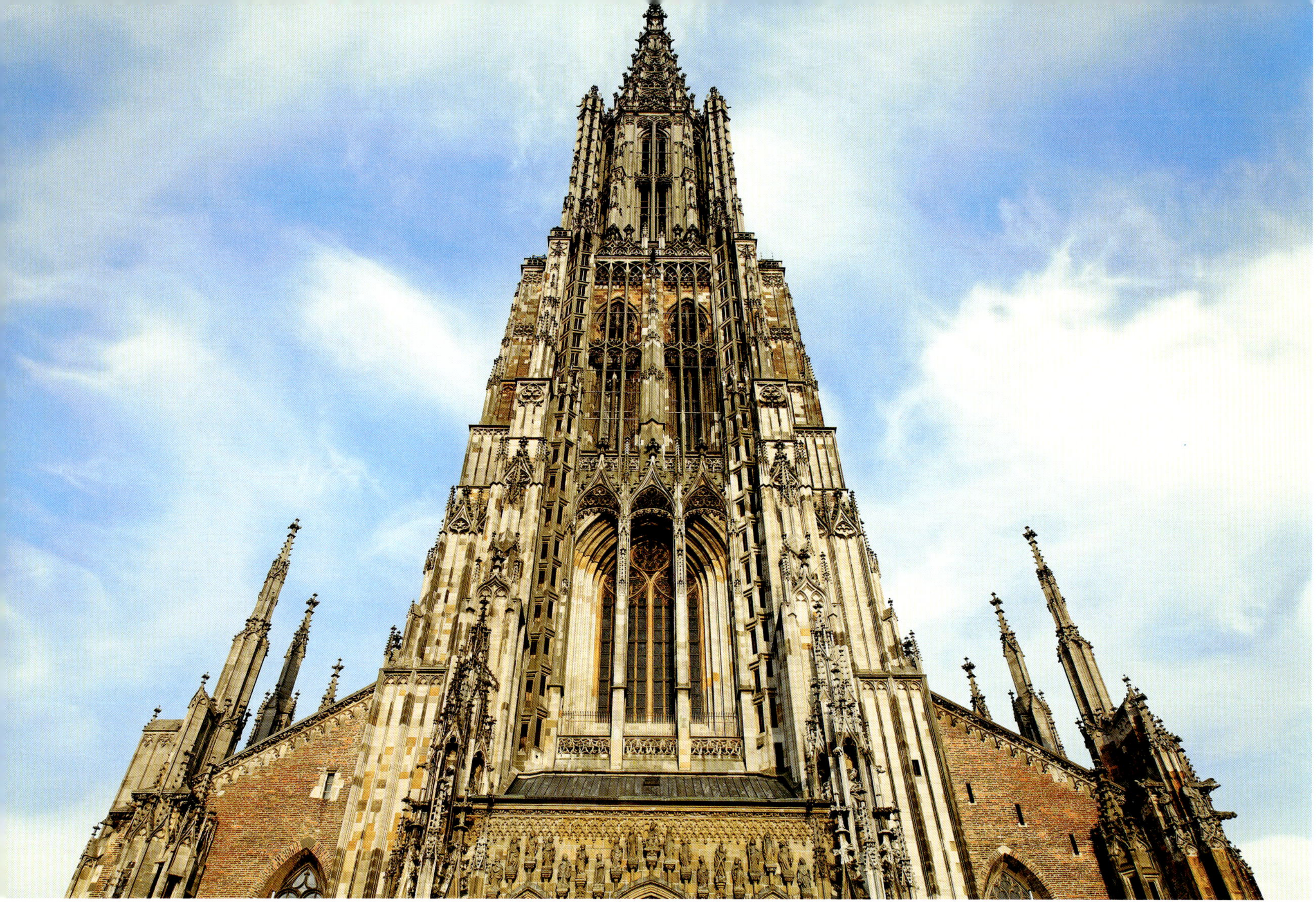

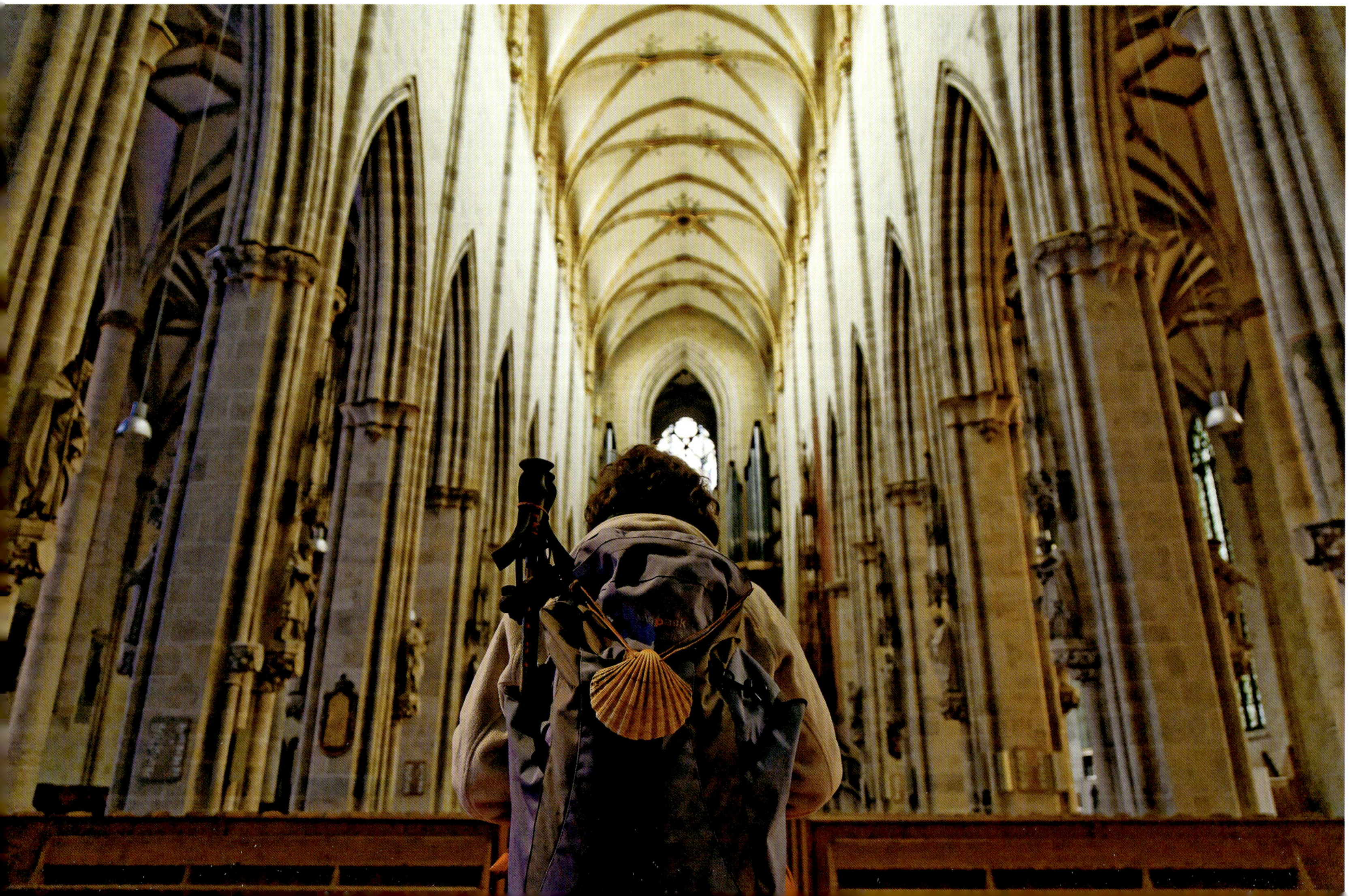

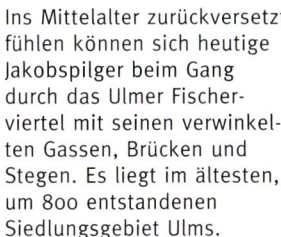

Linke Seite oben:
Mit 161,53 Metern Höhe ist der Turm des Ulmer Münsters vier Meter höher als der Nordturm des Kölner Doms und damit der höchste Kirchturm der Welt. Mit Köln verbindet Ulm auch die extrem lange Bauzeit. Beide Kirchenbauten wurden erst im 19. Jahrhundert abgeschlossen.

Ins Mittelalter zurückversetzt fühlen können sich heutige Jakobspilger beim Gang durch das Ulmer Fischerviertel mit seinen verwinkelten Gassen, Brücken und Stegen. Es liegt im ältesten, um 800 entstandenen Siedlungsgebiet Ulms.

Reste der alten Ulmer Stadtmauer werden als Teilstrecke des Pilgerwegs genutzt, der aus der Altstadt und dem Fischerviertel hinausführt. Die Mauer wurde 1480 direkt an der Donau errichtet.

Linke Seite unten:
Die ersten Meister des Ulmer Münsters stammten aus der berühmten Bildhauer- und Baumeisterfamilie Parler. Sie begannen 1377 mit dem Chor und planten das Langhaus als Hallenkirche. Ulrich von Ensingen gestaltete es ab 1392 zur heute erhaltenen Basilika um.

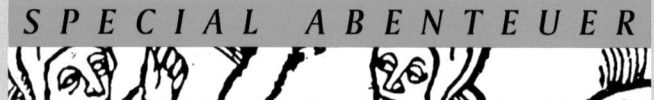

DER PILGERFÜHRER DES HERMANN KÜNIG VON VACH

Der Begriff Bestseller wird ihm nicht ganz gerecht, ganz falsch ist die Einschätzung jedoch nicht. Hermann Künig von Vachs Pilgerführer hat es nach seinem ersten Erscheinen 1495 noch zu weiteren in Nürnberg, Straßburg und Leipzig erschienenen Auflagen gebracht. Wieder ausgegraben wurde er im neunzehnten Jahrhundert und im Rahmen des jüngsten Pilgerbooms jetzt noch einmal mehr als 500 Jahre nach seiner Erstauflage. Und vermutlich wird auch die 2004 gedruckte Fassung noch immer nicht die letzte dieses ersten Reiseführers in deutscher Sprache sein.

Dabei ist die „Walfart und Straß zu sant Jacob" weder spannend geschrieben, noch hohe Literatur. Noch weniger taugt das Buch des deutschen Mönchs, der aller Wahrscheinlichkeit nach aus dem Servitenkloster im Thüringischen Vacha kam, heute als Reiseführer. Der Verfasser hatte doch eine gute Portion Tagesaktualität walten lassen und beispielsweise vor einzelnen Wirten gewarnt, andere dagegen ausdrücklich empfohlen. Abgesehen von mehr oder weniger groben Meilenangaben gibt er demgegenüber keine genauen Hinweise auf die Wegführung, noch hegt er einen Anspruch auf Vollständigkeit, was unterwegs Sehenswertes betrifft. Künig von Vach hält sich stattdessen lieber an praktische Tipps. Er vermerkt, wo es gilt, Geld in andere Währungen zu wechseln, wo Schuhe geflickt oder Kämme hergestellt werden. Er empfiehlt sein Büchlein zudem als wichtigen Ratgeber für den Santiagoreisenden „… der wol lenger mocht leben / wolt er mercken diß buchlyn eben / und wolt folgen myner lere" (der gewiss länger leben könnte, wenn er dieses Büchlein beachten und meiner Anweisung folgen wollte).

Der Mönch, von dem persönlich so wenig überliefert ist, dass sich die Fachwelt selbst noch darüber uneinig ist, ob er denn je in Santiago war, lässt die von ihm so benannte „Oberstraß" nicht bei seinem thüringischen Kloster beginnen, sondern startet bei den Benediktinern in Einsiedeln. Über Bern, Lausanne, Genf und Valence erreicht er in Arles einen der vier französischen Hauptwege, die Via Tolosana. Geradezu atemlos geht es weiter, erwähnt werden zwar die Hühner in Santo Domingo de la Calzada doch nur wenig mehr. Santiago selbst ist ihm nur wenige Zeilen wert, bevor es auf den jetzt weiter westlich laufenden Rückweg geht, diesmal über Bordeaux, Tours, Paris und Brüssel beziehungsweise seine „Niederstraß", die ihn bis Aachen führen wird.

Die bis heute immer noch gültige Betonung des Wegs, die sich bei Künig von Vach auch in der Wahl zweier verschiedener Routen ausdrückt, könnte einem vergleichsweise simplen Grund geschuldet sein und ist es vielleicht bis heute. Standen die Pilger bei ihrer Ankunft sowohl in Rom als auch in Jerusalem einer ganzen Reihe von Heiligtümern gegenüber, so erwarteten sie in Santiago einzig die Gebeine des Apostels Jakobus. Ganz im Sinne des frühen christlichen Gedankens, dass das ganze Leben eine Pilgerfahrt sei, war es zwar sicherlich sinnvoll, sich dem Schutz des Pilgerpatrons zu empfehlen. Andere Heilige gleichwohl nicht unbeachtet am Weg liegen zu lassen konnte aber gewiss auch nicht schaden.

Hermann Künig von Vachs Pilgerführer „Die straß zu sant Jacob" hat schon im Mittelalter mehrere Auflagen erfahren. Ihre Titelseiten schmückten verschiedene Holzschnitte, denen sich auch geringfügig geänderte Titel anpassten. So hieß die Leipziger Ausgabe von 1521 „Die straß und meylen zu sant Jacob".

Über teils kahle, teils intensiv landwirtschaftlich genutzte Höhen zieht sich der Weg von Ulm nach Konstanz bei Erbach oberhalb der südlich verlaufenden Donau.

Rechts oben und unten:
Immer wieder begegnen Pilgern große Herzlichkeit und Gastfreundschaft. Sehr schnell ergeben sich Gespräche und wer an Karfreitag oder über Ostern unterwegs ist, dem wird im Süden des Landes vielleicht auch eine Osterbrezel angeboten.

Ganz rechts:
Auf der Reise finden Pilger wie hier am Ulm-Konstanzer Weg bei Erbach zahlreiche Wegkreuze, die als Ausdruck der Frömmigkeit errichtet wurden.

Oben:
Auf dem Weg von Ulm nach Konstanz liegt das Renaissance-Schloss Erbach. Dessen Vorgängerbau hatte 1534/35 Hans von Paumgarten als königliches Lehen erhalten. Paumgarten entstammte einer Augsburger Patrizierfamilie und war mit der Tochter Georg Fuggers verheiratet.

Links:
Am frühen Morgen liegt noch Nebel über der Donau-Niederung. Bei Oberdischingen/Ersingen überquert der Weg die Donau bei Flusskilometer 2602,55. Bis zum Schwarzen Meer legt der Fluss von hier aus noch mehr als zweieinhalbtausend Kilometer zurück.

Den Heiligen Pelagius und Jakobus ist die Pfarrkirche im bei Biberach an der Riß gelegenen Laupertshausen geweiht. Der heute hochbarocken Ausstattung gemäß findet sich am Hauptaltar eine Jakobusfigur mit vergoldetem Umhang.

Bis zur berühmten Barockkirche von Steinhausen sind es von Muttensweiler nur noch wenige Kilometer. Aber auch hier wartet schon eine barocke Ausstattung und die Darstellung des Jakobus-Martyriums am Hochaltar.

Rechte Seite:
Das Wahrzeichen der Stadt Biberach an der Riß ist die „simultane Stadtkirche" Sankt Martin. Seit dem Dreißigjährigen Krieg wird der hinter dem Marktplatz gelegene Bau sowohl von Katholiken als auch von Protestanten genutzt. Grund für die Doppelnutzung ist der Status der (konfessionell) paritätischen Reichsstadt, den Biberach zusammen mit Augsburg, Dinkelsbühl und Ravensburg innehatte.

Ein Blick in die über einem ovalen Grundriss gebaute Wallfahrtskirche von Steinhausen beeindruckt nicht nur Jakobspilger. Das zwischen 1728 und 1733 errichtete Kleinod wird auch gerne die schönste Dorfkirche der Welt genannt. Ihre Baupläne und die Stuckausstattung verdankt sie Dominikus Zimmermann, ihre Deckenfresken seinem älteren Bruder Johann Baptist. Dargestellt sind in der ihrerseits ovalen Kuppel die vier Erdteile und der Garten Eden, dessen Tiere sich zum Teil auch plastisch in der Stuckgestaltung wiederfinden und so symbolisch den Gläubigen entgegenkommen.

Rechte Seite:
Steinhausen zählt sowohl zu den Hauptsehenswürdigkeiten der oberschwäbischen Barockstraße als auch zu den architektonischen Höhepunkten des Jakobsweges Ulm-Konstanz. Ihren Reichtum verdankt die bereits dem Rokoko zuzurechnende Wallfahrtskirche einem Mariengnadenbild, zu dem seit dem frühen 15. Jahrhundert größere Wallfahrerströme pilgerten. Der kleinere Vorgängerbau reichte bald nicht mehr aus, sodass ein neuer errichtet werden musste, nicht ohne den finanziellen Beitrag der Pilgernden versteht sich.

Oben:
Südlich von Bad Waldsee
und etwas abseits vom Ulm-
Konstanzer Weg erhebt sich
schon von Weitem sichtbar
die Kapelle von Volkertshaus.
Bei Föhnwetter kann man von
hier aus die Alpen sehen.

Rechts:
Sehr beschaulich führt der
Weg westlich aus Ravensburg
heraus. Aus dem Tal der
Schussen aufsteigend, geht
es weiter durch herrlich
lichten Wald.

Kurz vor Meersburg am Bodensee liegt Breitenbach, dessen Kapelle im Inneren, ähnlich wie im eben erst passierten Markdorf, offensichtlich von Jakobspilgern angebrachte Rötelzeichnungen (vermutlich aus der ersten Hälfte des 16. Jahrhunderts) enthält.

Ob in Winterstettendorf, kurz hinter Biberach (links oben), oder nahe der Wallfahrtskirche Steinhausen (rechts unten): Immer wieder stößt man zwischen Nürnberg und Konstanz auf die Spuren der treuen Pilgerin Gerhilde Fleischer, die sich um die Auszeichnung des Weges bemüht. – Ausreichend Proviant gilt es einzuplanen, gibt es doch auch auf deutschen Jakobswegen oft ganztags weit und breit keinerlei Möglichkeit einzukaufen oder einzukehren.

IM NAMEN DES HEILIGEN –
JAKOBUSBRUDERSCHAFTEN

Mitte:
Der Ort Hüfingen, am Weg von Villingen nach Schaffhausen gelegen, war Sitz einer 1676 gegründeten Jakobusbruderschaft, die sich am Wolfacher Vorbild orientierte. Ihre von dem ortsansässigen Maler Franz Josef Weiß im 18. Jahrhundert geschaffene Fahne zeigt sowohl den Stadtpatron als auch alle 27 Wappen der damals im Ort vertretenen Zünfte.

Rechte Seite, oben und unten:
Auf der Kopie einer Holztafel aus dem 17. Jahrhundert sind am ehemaligen Heilig-Geist-Spital in Biberach die sieben Werke der Barmherzigkeit dargestellt, die für Pilger fern der eigenen Heimat besondere Bedeutung hatten. Diesen sieben Geboten entsprechend galt es, Hungrige zu speisen, Dürstenden Getränk zu bieten, Fremde zu beherbergen, Nackte zu kleiden, Kranke zu pflegen, Gefangene zu besuchen und Tote zu bestatten.

Heute heißen sie Rotary oder Lions und wer auf sich hält oder gesellschaftlich weiterkommen will, tritt dem einen oder anderen Club bei. Neben der Pflege von Geschäftsbeziehungen geht es hier, wie auch bei den mittelalterlichen Jakobusbruderschaften zusätzlich um soziales Engagement. Jakobusbrüder kümmerten sich einst ihrerseits um Pilgerhospize, die Pflege von Alten und Kranken, sie sicherten einander aber auch gegenseitig Unterstützung zu, sogar über den Tod hinaus. Gleichzeitig waren die den Gilden verwandten Bruderschaften Wirtschaftsvereinigungen mit oft nicht unerheblichem städtischem Einfluss.

Um Mitglied in einer Laienbruderschaft zu werden, war nicht immer eine bereits unternommene Pilgerreise nach Santiago Voraussetzung, sie konnte es aber sein. So wurden etwa in einer im frühen 15. Jahrhundert in Köln gegründeten Vereinigung Pilgernachweise gefordert, andere ihrerseits in der Dreikönigsstadt beheimatete Bruderschaften sahen das weniger eng. Umso selbstverständlicher war dafür oft die Zugehörigkeit zum begüterten Bürgertum. Eine im Jahr 1513 in Waldshut am Hochrhein gegründete Bruderschaft versammelte dagegen vorwiegend Vertreter des Schusterhandwerks unter ihren Mitgliedern. Zwar wurde Jakobus vornehmlich als Schutzpatron der Pilger und Reisenden verehrt, doch auch viele Handwerker beriefen sich gerne auf ihn, Schuster waren es etwa im Schweizer Freiburg/Fribourg.

Noch deutlich vor den Laienbruderschaften bestanden ihre kirchlichen Pendants, die teils schon für das 9. Jahrhundert belegt sind und fast immer karitative Ziele verfolgten. Eine regelrechte Bruderschaftsbegeisterung gab es speziell in der Schweiz im 16. und 17. Jahrhundert. Das Konzil von Trient (1545–1563) hatte als Antwort auf die Reformation die Kirchenspaltung manifestiert, dabei aber auch eigene Reformen vorgenommen, nicht zuletzt zum Ablasswesen. Bisher waren mitunter sogar Generalablässe allein für den Beitritt zu einer Bruderschaft gewährt worden, jetzt begann jedoch eine neue Selbstsicht. Setzte in der Baukunst die Prachtentfaltung des Barock speziell im süddeutschen Raum und im Schweizer Nordosten der Gegenreformation ein sichtbares Denkmal, so schlug sich das neue römisch-katholische Selbstbewusstsein gerade im Land Calvins und Zwinglis in neuen Bruderschaftsgründungen nieder. Mehr als vierzig soll es zeitweise allein im katholischen Luzern gegeben haben.

ALTE GEMEINSCHAFTEN UND NEUE GRÜNDUNGEN

Bis heute haben sich in Deutschland und der Schweiz nur noch wenige Bruderschaften erhalten. Umso mehr Jakobusgesellschaften wurden und werden möglicherweise weiterhin gegründet. Neben den beiden großen deutschen, der 1987 gegründeten Deutschen St. Jakobus-Gesellschaft in Aachen und der ein Jahr jüngeren Fränkischen mit Sitz in Würzburg, aber auch der in Lausanne gegründeten Vereinigung der „Amis du Chemin de Saint-Jacques", gibt es zahlreiche weitere, die sich heute in aller Regel auf den Weg und seine Pflege und Geschichte konzentrieren, gleichermaßen natürlich Ansprechpartner für moderne Pilger sind und sowohl eigene Herbergen in Spanien betreiben als auch Herbergsleiter ausbilden.

Unten:

In der 1287 geweihten Kapelle des Ravensburger Heilig-Geist-Spitals findet sich dieses um 1500 entstandene Wandbild des Jüngsten Gerichts. Dem mittelalterlichen Glauben gemäß entschied sich hier, wer aus dem Fegefeuer in die ewige Hölle geschickt wurde und wer in den Himmel aufstieg.

Rechts:

Neben dem Ravensburger Rathaus am Marienplatz erhebt sich der Blaserturm, der vor der Stadterweiterung im 14. Jahrhundert Teil der Befestigungsanlage und später zentraler Wachturm der Stadt war. 1552 stürzte er ein, war aber bereits 1556 wieder neu errichtet. Direkt am Turm liegt das Waaghaus von 1498, das lange Zeit als Kaufhaus diente und die Stadtwaage verwahrte.

Links:
„Schwäbisch Sankt Peter"
wird die Basilika Sankt
Martin von Weingarten auch
genannt, ist sie doch, wenn
auch nur halb so groß wie
der Petersdom in Rom,
immer noch Deutschlands
größte Barockkirche. Gebaut
wurde die Kirche des bereits
1094 gegründeten früheren
Benediktinerklosters in der
Rekordzeit von nur neun Jahren zwischen 1715 und 1724.

Links oben und Mitte:
Der erste Weg führt Jakobspilger in Konstanz ins Münster Unserer Lieben Frau und von dort gleich in die Mauritiusrotunde, die sich im Osten an das Münster anschließt. Mit ihrer frühgotischen Nachbildung des Heiligen Grabes im Innern war sie ein wichtiger Pilgerort, reichte doch schon eine dreimalige Umrundung des Grabes, um Ablass zu erhalten. Wer sich von hier aus jedoch auf die Reise machte, dem wurde die

Pilgersegnung erteilt und er
erhielt sinnbildlich Pilgerstab
und Tasche. Entsprechend
hält die um 1260 entstandene
Jakobusfigur am Heiligen Grab
auch ein ganzes Bündel von
Stäben und Taschen, um sie
an Pilger weiterzugeben.

Links unten:
Von Konstanz aus sind es
noch 2340 Kilometer bis
Santiago.

Unten:
Im Jahr 1089 geweiht, war das
Konstanzer Münster bis zur
Aufhebung des Bistums 1821
Bischofskirche, was ihm Wohl-
stand und immer neue Stilver-
änderungen bescherte. Seine
Ausstattung reicht deshalb
heute von der Romanik über
die Gotik ins Barock und den
Klassizismus.

DER PILGERWEG VON EINSIEDELN NACH GENF

Das Kloster Einsiedeln, heute neben Sankt Gallen barocker Glanzpunkt der Schweiz, gehörte schon zum Pflichtprogramm der mittelalterlichen Jakobspilger. Wenn Hermann Künig von Vach hier seine „Oberstraß" beginnen lässt, tut er das nicht willkürlich. Das Kloster, das sich aus der Einsiedelei eines Mönchs vom Kloster Reichenau entwickelt hatte, war bald selbst ein bedeutender Marienwallfahrtsort geworden.

Wer von hier aus nicht über Luzern und das bis heute klar reformierte Bern weitergehen will, begibt sich auf die Spuren zweier weiterer Einsiedler. Unweit des Sarner Sees führt die Route in Flüeli beim Geburtshaus des Schweizer Nationalheiligen Nikolaus von der Flüe und dessen Klause vorbei. Weiter geht es zum heiligen Beatus am Thunersee. Wie Jakobus in Spanien soll Beatus einst in der Schweiz missioniert haben.

Im mittelalterlichen Freiburg konzentriert sich der Jakobsweg wieder ganz auf sich selbst. In der Stadt, die sich erfolgreich gegen die Reformation verteidigt hatte, wimmelt es geradezu von Jakobusfiguren und -darstellungen, von Pilgerherbergen und Spitälern. Über Lausanne führt die Route abschließend nach Genf, in dessen Kathedrale sich immerhin ein Jakobusfenster erhalten hat. Einst wichtiger Etappenort für Santiagopilgernde, endet der Schweizer Jakobsweg in der Calvin-Stadt sinnbildlich an der dortigen Mauer der Reformation.

Ein grandioser Ausblick ins Aaretal bietet sich auf dem Berner-Oberländer Weg beim Abstieg vom Brünigpass. Immer wieder lässt sich das Tal von Meiringen im Osten bis Brienz im Westen überblicken, gegenüber liegen die Berner Alpen mit dem Axalphorn (2351 Meter) und dem Schwarzhorn (2928 Meter).

Oben:
Die mittelalterliche Route aus
Konstanz/Kreuzlingen hinaus
in den Süden ist heute eine
stark befahrene Ausfallstraße.
Durch eine kleine Wildnis
führt der Weg dagegen in der
Schlucht beim wenige Kilometer entfernten Bernrain.

Rechts:
Auf halber Strecke zwischen
Konstanz und Einsiedeln liegt
das Benediktinerkloster
Fischingen, dessen Ursprünge
bis ins 12. Jahrhundert zurückreichen. Gegründet worden
war es ausdrücklich, um
Pilgern Unterkunft zu bieten.
1848 wurde das Kloster
aufgehoben, seit 1973 wird
es aber wieder von Mönchen
betrieben und erwirtschaftet
seine Einnahmen heute unter
anderem als Tagungshotel.

Gut vier Stunden Fußweg sind es von Konstanz bis Märstetten im Toggenburger-land, wo Wiesen und jetzt nicht mehr deutsche Fachwerk- sondern Schweizer Riegelhäuser den Weg säumen.

Links:
Dorfkäsereien gibt es in der Schweiz noch relativ viele. Nicht alle haben aber, wie die Dorfkäserei in Au, südlich von Fischingen, auch einen eigenen „Pilgerkäse" im Angebot.

Ganz links:
Zuverlässig aber mit zu unterschiedlichen Zeiten entstandenen Wegweisern ist der Schwabenweg von Konstanz nach Einsiedeln beschildert. Der Kanton Thurgau rief ihn 1991 zur 700-Jahr-Feier der Eidgenossen-schaft wieder ins Leben.

Links:
Private Vesperstationen mit eigenen Produkten wie Speck, Käse, Milch und Obst und Säften, gibt es, wie hier bei Fägiswil kurz vor dem Abstieg an den Zürichsee, immer wieder.

Oben:
Der Gang aufs 1133 Meter
hohe Hörnli führt über üppige
Wiesen. Der Aussichtspunkt
auf den Alpstein kann aber
auch umrundet werden.

Rechts:
Zwischen Rapperswil und
dem jenseitigen Ufer des
Zürichsees gab es in vergan-
genen Zeiten eine Fährver-
bindung. Nachdem 1345 ein
Sturm bei einer Überfahrt
40 Pilger das Leben gekostet
hatte, wurde eine Holzbrücke
erbaut, an deren Ende seit
1497 eine Kapelle steht. Durch
einen Seedamm überflüssig
geworden, wurde sie im
19. Jahrhundert abgebrochen,
2001 aber neu errichtet.

Oben:
Von Pfäffikon nach Einsiedeln gilt es, den bis auf 950 Meter ansteigenden Etzelpass zu überwinden. Auf der Passhöhe warten sowohl das Gasthaus Meinrad als auch die danebenliegende Etzelkapelle. Sie wurde im 13. Jahrhundert erstmals urkundlich erwähnt; der heutige Bau stammt aus dem Jahr 1698 nach Plänen Caspar Moosbruggers.

Links:
Die Tüfelsbrugg über die Sihl ließ Abt Gero von Einsiedeln schon im frühen 12. Jahrhundert bauen, was auf die frühe Bedeutung des hierher führenden Etzelpasses im Pilger- und Warenverkehr hinweist. Ihre heutige Form erhielt die gedeckte Sandsteinbrücke mit hölzernem Überbau 1794. Gleich neben der Brücke steht das Geburtshaus des berühmten Arztes, Alchemisten und Mystikers Paracelsus.

97

PILGERN HEUTE – REIZVOLLE WANDER- ROUTEN MIT GUTER INFRASTRUKTUR

Mitte oben:
Vor allem auf dem Innerschweizer Weg werden Pilgern oft auch Strohlager in Scheunen angeboten. Decken liegen bereit, die aufs Stroh gelegt werden. Zuoberst kommt dann der mitgebrachte eigene Schlafsack.

Mitte unten:
Mit Pilgerkäse aus der Käserei in Au und nahrhaftem Früchtebrot aus dem Kloster Fischingen lässt sich jedes Picknick bestreiten.

Nicht jeder, der es heute bis nach Santiago schafft, kehrt auch mit der entsprechenden Pilgerurkunde „La Compostela" zurück. Sie erhält nur, wer in der Regel mit Hilfe seines Pilgerausweises, des „Credencial Pelegrino", glaubhaft machen kann, dass er mindestens die letzten 100 Kilometer zu Fuß oder die letzten 200 Kilometer per Pferd oder Fahrrad zurückgelegt hat. Den Ausweis zu besitzen, empfiehlt sich besonders auf dem letzten spanischen Teilstück des Wegs, wo Pilgerherbergen gewöhnlichen Touristen keine Unterkunft gewähren. In Deutschland und der Schweiz ist das Papier, das die Jakobus-Gesellschaften ausstellen, dagegen vorwiegend für Sammler von Stempeln von Interesse, die sowohl in Kirchen als auch vielen Quartieren ausgegeben werden.

Während Santiago Jahr für Jahr genau Buch darüber führt, wie viele Urkunden ausgestellt wurden, gibt es kein derart verlässliches Zahlenmaterial zu den europaweit ausgestellten Pilgerausweisen, sodass schwer belegbar ist, wie viele Pilger sich jeweils insgesamt auf den Weg machen und noch weniger natürlich, wo sie starten, in wie vielen Etappen sie unterwegs sind und ob sie überhaupt ankommen. Immerhin die grobe Entwicklung des Jakobspilgerns lässt sich an den in den letzten Jahrzehnten ausgegebenen Urkunden nachweisen. Wurden 1970 beim spanischen Jakobsgrab noch keine 100 Urkunden ausgestellt, so waren es 2009 bereits knapp 150 000. In den „Heiligen Jahren" schnellen die Pilgerzahlen noch einmal um ein Mehrfaches

nach oben. Die Infrastruktur hat sich der Nachfrage angepasst. Jakobsmuscheln und gelbe Pfeile, oft an die Europafarben angelehnt auf blauem Grund, weisen zuverlässig den Weg.

Wanderkarten sind wegen den von den Jakobus-Vereinen meist akribisch gepflegten Beschilderungen kaum irgendwo nötig. Sowohl in Deutschland als auch in der Schweiz halten die Wegauszeichner das bewährte Altstraßensystem lieber im Hinterkopf und nutzen stattdessen heute wandertaugliche, landschaftlich schöne Strecken. Diese

Mehr als 200 Bauernhöfe in der Schweiz bieten heute das „Schlafen im Stroh" an und werben für sich unter diesem Label. Da kann es sehr naturnah und rustikal zugehen. Auch Improvisation ist oft gefragt.

Natürlich gibt es auf dem Weg auch Bed & Breakfast-Angebote und die Bewirtung, wie hier bei Wattenwil, in herrlichen alten Bauern-stuben. Erfahrene Wanderer sagen zudem: Die besten Frühstücke bis Santiago gibt es in der Schweiz.

Es gibt kein Plätzchen, wo nicht eine Pilgerunterkunft eingerichtet werden könnte. Da kann auch schon einmal ein Schlaflager im Keller, hier in Gibswil, auf die Pilger warten.

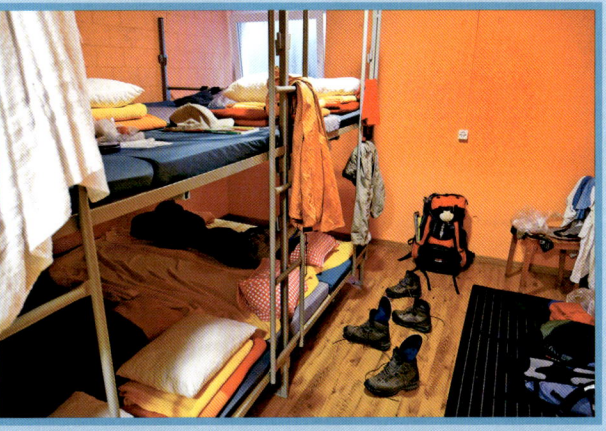

Form der deutschen Gemütlichkeit stößt in der Schweiz an Grenzen, bringt es die Schweizer „Via Jacobi", die dem nationalen Wanderweg Nr. 4 entspricht, zwischen Konstanz und Genf doch auf Steigungen von insgesamt 11 000 Höhen-metern, wobei einige Pässe mit vergleichsweise steilen An- und Abstiegen zu bewältigen sind. Da die Strecken vielerorts durch winzige Dörfer führen, die oft weder über Geschäfte noch Gaststätten verfügen, ist hier eine genaue Verpflegungsplanung empfehlenswert.

Während Hotels und Pensionen unterwegs gelegentlich Pilgerpreise bieten, gibt es nur in der Schweiz die Organi-sation „Schlaf im Stroh". Darin haben sich Bauernhöfe zusammengeschlossen, die in der warmen Jahreszeit ihre Geräte und Maschinen ins Freie räumen und die jetzt leerstehenden Holzschober in entsprechend preisgünstige Nachtlager mit eigens aufgeschüttetem Stroh für Pilger umwandeln. Nicht selten führt der Weg zu sich selbst dann am frühen Morgen zuerst am Waschplatz beim Kuhstall, anschließend an einem bäuerlich reichhaltigen Frühstück vorbei, bevor es getreu dem alten Pilgerlied wieder heißen kann: „Wol auf sant Jacobs straßen!"

Wer die 1735 geweihte
Klosterkirche von Einsiedeln
betritt, sieht sich in einem
achteckigen Raum als erstes
der sogenannten Gnaden-
kapelle aus schwarzem
Marmor gegenüber. Sie steht
für die Gebetsstätte des 861
ermordeten Mönchs Meinrad
vom Kloster Reichenau, dem
zu Ehren Otto I. 947 ein Stift
gründete. Im Innern der
Kapelle steht die von einem
unbekannten Künstler im
15. Jahrhundert geschaffene
„schwarze Madonna". Ihre
Farbe hatte sie im Lauf der
Jahrhunderte wohl durch den
Ruß von Kerzen und Öllampen
angenommen. 1803 wurden
Gesicht und Hände von
Gottesmutter und Kind
zusätzlich mit schwarzer
Farbe übermalt.

Oben:
Während für die Klosteranlage und -kirche Einsiedeln Caspar Moosbrugger verantwortlich zeichnete, entstand der nach beiden Seiten hin halbkreisförmig abgeschlossene Vorplatz mit dem 1747 entstandenen Marienbrunnen nach Plänen des Mailänders Paul Bianchi. Sein Wasser soll, verbunden mit einem Gebet, von Krankheiten heilen.

Links:
In Einsiedeln lässt Hermann Künig von Vach seine „Oberstraß" nach Santiago beginnen. Seit dem 14. Jahrhundert fanden aber auch schon Marienwallfahrten hierher statt. Allerdings war das erste romanische Gnadenbild 1465 bei einem Brand zerstört und durch das aktuelle ersetzt worden. Devotionalien werden rund ums Kloster bis heute angeboten.

Links:
Von Einsiedeln kommend,
folgt mit dem 1414 Meter
hohen Scheitelpunkt des Hag-
genegg-Passes der höchste
Punkt des Schweizer Jakobswegs. Den großen und
kleinen Mythen voraus, führt
er mit etwas Abstand auch
an einer neugotischen Mutter-
gotteskapelle vorbei.

Unten:
Das Berggasthaus auf der
Haggenegg diente 1483 schon
als Pilgerherberge. Die herr-
liche Aussicht, die von hier
aus auf die Mythen und den
Vierwaldstätter See reicht,
soll auch schon Johann Wolfgang von Goethe bei seiner
ersten Schweizreise 1775
genossen haben.

Oben:
Der Schlafsaal im Haggenegg-
Berggasthaus wird je nach
Jahreszeit sowohl von Pilgern
als auch von Skifahrern
genutzt.

Oben:
Von Treib nach Emmetten bieten sich mehrere Wegmöglichkeiten. Wer die Höhenvariante und den steilen Aufstieg wählt, hat vielleicht die schönsten Aussichten, braucht allerdings Trittsicherheit und sollte schwindelfrei sein.

Rechts:
Im Mittelalter aus einer Fischer- und Schiffleutesiedlung entstanden, hat der Ort Brunnen im Kanton Schwyz gleichzeitig mit der Gotthardroute an Bedeutung gewonnen. Hier wurde 1315 nach der Schlacht am Moorgarten aber auch der zweite Bund der Eidgenossen geschlossen.

Links:
Die heutige Heiligkreuz-Kapelle bei Emmetten hat ihre Weihe 1795 erhalten. Neben zahlreichen Votivtafeln bewahrt sie heute den um 1710 für das Beinhaus geschaffenen „Emmetter Totentanz". Die Grundaussage der seit dem 14. Jahrhundert verbreiteten Totentänze ist die Gleichheit aller Menschen und Stände vor dem Tod.

Unten:
Eine Vielzahl herrlicher Weitblicke ergibt sich rund um den Vierwaldstätter See. Der Blick von Emmetten nach Nordwesten weist auf eine Engstelle zwischen dem linkerhand ans Ufer reichenden Bürgenstock und Vitznau auf der gegenüberliegenden Seite.

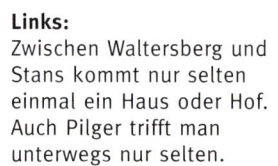

Links:
Zwischen Waltersberg und
Stans kommt nur selten
einmal ein Haus oder Hof.
Auch Pilger trifft man
unterwegs nur selten.

Links Mitte:
Der Weg von Stans nach
Flüeli-Ranft wird der „Bruder-
klausenweg" genannt. Die
Bezeichnung geht zurück auf
einen Ratsstreit von 1481, der

fast in einem Bürgerkrieg
geendet hätte, wäre nicht der
Ortspfarrer augenblicklich mit
der Bitte um Vermittlung zur
Einsiedelei des Bruder Klaus
gelaufen.

Links unten:
Hinter Flüeli, wo es an der
oberen und unteren Bruder-
klausenkapelle und am
Geburtshaus des Eremiten
vorbeigeht, windet sich der
Innerschweizer Weg mit Blick
auf den Sarner See wieder
sanft bergab.

Unten:
Schon aus der Ferne
erkennbar ist die Pfarrkirche
Sankt Heinrich in Beckenried
am Vierwaldstätter See. Die
heutige Kirche wurde in den
Jahren 1790 bis 1807 erbaut.
In der Vorhalle liegt die aus
einem Vorgängerbau über-
nommene Grabplatte eines
Jerusalem- und Jakobspilgers.

Oben:
Seit das um 1130 gegründete Kloster Interlaken 1528 aufgehoben wurde, war es zwischenzeitlich Spital und diente auch Pilgern auf dem Weg zu den nahegelegenen Beatushöhlen als Unterkunft. Heute wird das vormalige Kloster als Amtssitz des Bezirks Interlaken genutzt.

Rechts:
Zum bis auf rund 1000 Meter ansteigenden Brünigpass, der das Berner Oberland mit der Innerschweiz verbindet, nutzen Jakobspilger den „alten Brünigweg", der stellenweise in die Felsen hineingehauen ist.

Links:
In der Ranftschlucht im Kanton Obwalden, der Wirkungsstätte des Schweizer Nationalheiligen Nikolaus von der Flühe, erinnern gleich zwei nahe beieinander gelegene Kapellen an den auch Bruder Klaus genannten berühmten Weisen.

Unten:
Sehr steil geht es hinauf zu den Beatushöhlen, einem wichtigen Pilgerziel im Land zwischen den Seen (Interlaken). Aus der Höhle soll der heilige Beatus unter Einsatz von Kreuz und Glauben einst einen Drachen vertrieben haben. Als Beatuswerk wurde nach einer Massenwallfahrt von 1439 auch das Ende der Pest in Bern gefeiert.

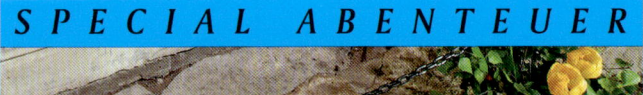
WHO'S WHO – HEILIGE AM WEG UND IHRE ATTRIBUTE

Mitte oben:
Zwar sind Reliquien und Gebeine der heiligen Walburga weit verteilt. Ihre Grablege zu sein beansprucht aber das Kloster Heidenheim für sich. Dessen Leitung übernahm die vermutlich aus England stammende Heilige 761 nach dem Tod ihres Bruders, der das Kloster zehn Jahre zuvor gegründet hatte.

Mitte unten:
Vorsicht ist gelegentlich geboten beim Einordnen: Nicht jeder Muschelträger ist auch ein Jakobus. In der Nürnberger Kirche Sankt Sebald ist auch deren Patron mit Muschel und Pilgerstab dargestellt.

Kein Zeichen ist enger mit einem Heiligen verbunden als die Muschel mit Jakobus. Das war nicht immer so, schließlich hatte man es zuallererst mit einem der zwölf Apostel oder Ausgesandten Christi zu tun, zu denen auch ein zweiter Jakobus zählte: der Jüngere. Die früheste individuelle Darstellung des Älteren findet sich in der Basilika San Vitale in Ravenna aus dem 6. Jahrhundert. Hier wird Jakobus zunächst noch mit Buch oder Schriftrolle dargestellt. Als erster Apostel-Märtyrer hätte der in Jerusalem mit dem Schwert Enthauptete wie viele seiner Leidgenossen auch mit diesem persönlichen Attribut in die Kunstgeschichte eingehen können. Wird doch etwa der auf einem glühenden Gitterrost zu Tode gefolterte heilige Laurentius in der Regel mit diesem Marterinstrument dargestellt, der heilige Andreas mit dem Kreuz mit schrägen Balken, an dem er den Märtyrertod erlitt. Verglichen mit den überlieferten Martyrien anderer hätte ein bloßes Enthaupten möglicherweise aber auch den Rang des Dargestellten mindern können. Weder Schriftrolle noch Schwert bleiben ihm indes auf Dauer erhalten.

An deren Stelle steht bei Jakobus ab dem 12./13. Jahrhundert in ganz Europa und später in Südamerika das Symbol der Muschel. Die in frühen Darstellungen gewählte Tunika ersetzt jetzt der weite Mantel, dazu kommen der breitkrempige, oft weit nach hinten gezogene und vorne hochgeschlagene Hut, der Pilgerstab, der Beutel und die Trinkflasche oder Kalebasse. Jedes einzelne dieser Attribute birgt wieder seine eigene Bedeutung. So soll etwa die Tasche klein und offen sein, was sowohl für eine größt-

mögliche Beschränkung der eigenen Bedürfnisse steht als auch für eine dennoch anzustrebende Freigebigkeit des Pilgernden. Stab und Tasche trägt er mitunter in mehrfacher Ausfertigung bei sich, um sie an andere Pilger zu verteilen. Indem Jakobus jetzt allerdings selbst als einer der ihren dargestellt ist, befindet er sich, wie der große deutsche Jakobsweg-Spezialist Klaus Herbers bemerkt, offensichtlich paradoxerweise auf dem Weg zu seinem eigenen Grab. Dieser Widersinn scheint jedoch nicht weiter aufgefallen zu sein oder wurde nicht als störend empfunden. Dagegen dürfte den Heiligen in der Blütezeit des deutschen Jakobskults bis ins 15. Jahrhundert wohl so gut wie jedes Kind erkannt haben.

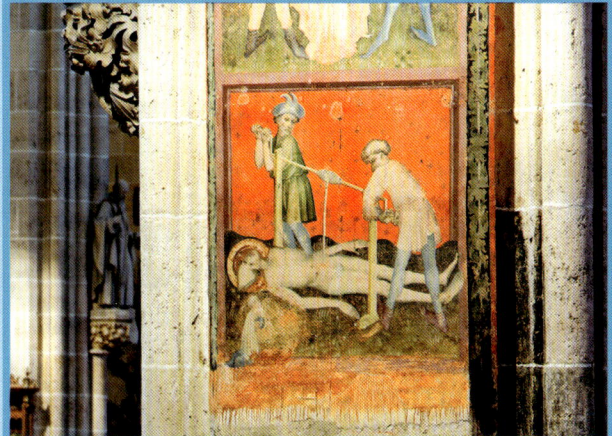

Auf einem Wandbild im Ulmer Münster ist das Martyrium des Erasmus dargestellt, dem mit einer Seilwinde die Gedärme herausgezogen wurden. Aufgrund einer Fehlinterpretation solcher Darstellungen wurde er auch zum Schutzpatron der Seiler.

Ganz links:
Sowohl Jakobs- als auch Matthiaspilger haben in der Abtei Sankt Matthias in Trier Station gemacht. In der Krypta der Abteikirche befindet sich das Grab des Kirchenpatrons.

Kaiser Heinrich II. und Kaiserin Kunigunde wurden im Bamberger Dom bestattet. Das von 1499 bis 1513 in der Werkstatt Tilman Riemenschneiders geschaffene marmorne Hochgrab nimmt auch auf Legenden aus dem Leben des Kaiserpaars Bezug.

IM ZEICHEN DER MUSCHEL

Hatten die übrigen Attribute einen erkennbaren praktischen Wert – mit dem Stab sollte man sich etwa gegen wilde Hunde oder Wölfe verteidigen können – so ist die Muschel ausschließlich Symbol und Teil vieler Legenden. Einer solchen gemäß soll der Leichnam des Apostels beim Landen seines Schiffs ins Wasser gefallen, alsbald aber über und über mit Muscheln bedeckt wieder aufgetaucht sein. In einer anderen Variante reitet ein junger Adliger dem Schiff entgegen und wäre dabei fast von den Wellen verschlungen worden. Von Sant Iago gerettet, erreichen diesmal Reiter und Pferd von Muscheln übersät wieder

Das Grab des heiligen Otto in der Bamberger Sankt-Michaels-Kirche hat einen Freiraum zum Durchkriechen, sodass Gläubige dem Heiligen möglichst nahe kommen konnten. Otto, 1139 in Bamberg gestorben, war Bischof und Vermittler im Investiturstreit zwischen Kaiser und Papst.

Mitte:
**Die Beatushöhle präsentiert
sich heute in Form einer
Nachbildung bei Beatenberg
im Kanton Bern. Die vormalige Einsiedelei des heiligen
Beatus lag am Eingang eines
riesigen Systems aus Tropf-
steinhöhlen.**

das rettende Ufer. Wollte man die Legende nicht bemü-
hen, liegt eine sehr viel einfachere Erklärung nahe: das
bloße Vorkommen der durchschnittlich handtellergroßen
Jakobsmuschel an der Küste Galiciens. Als Besonderheit
und sowohl optisch reizvolles wie auch leicht transpor-
tierbares Mitbringsel boten sich die Muscheln deshalb an.
Sie dienten anfangs zudem als Beleg für die erfolgreiche
Pilgerreise und wurden vor der Kathedrale verkauft.

Dennoch ist Muschel nicht gleich Muschel und Vorsicht
ist geboten, wenn an ihr allein der wahre Jakob erkannt
werden soll. Die Muschel war bald zum Symbol für
Pilgernde überhaupt geworden und sollte beispielsweise
als äußerlich getragenes Zeichen vor Überfällen schützen,
stellten sie ihren Träger doch quasi unter göttlichen
Schutz. Die Muschel hatten dagegen auch andere Heilige
bei sich. Kaum jemand wird wohl Johannes den Täufer mit
Jakobus verwechseln, wird er doch meist als Asket nur
spärlich bekleidet mit einem Fell und barfuß oder mit San-
dalen dargestellt. Ihn begleitet oft das Lamm Gottes. Auch
Johannes trägt häufig einen Stab, der ihn allerdings eher
als Hirten beschreibt, sowie gelegentlich eine Muschel, die
bei Johannes allerdings als Taufgefäß gedeutet wird.

HUND, OCHSE UND KRONE

Andere Heilige, die etwa wie der 1295 geborene Rochus
von Montpellier ihrerseits eine Pilgerreise unternommen
hatten, konnten dagegen ebenso mit Muschel und weiteren Pilgerattributen dargestellt werden und sind deshalb
immer wieder für eine Verwechslung gut. Allerdings war
der begütert geborene Rochus, der nach dem Tod seiner
Eltern sein Vermögen unter den Armen verteilte und
Mönch wurde, nach Rom aufgebrochen. Unterwegs von
der Pest überrascht, kümmerte er sich um die Kranken
und steckte sich an. Er zog sich als Eremit zurück, wurde
der Legende nach nur von einem Hund versorgt, überlebte
jedoch schließlich. Dieser Heilige ist zusätzlich an seinem

Rechts:
**Wie bei den meisten Heiligen
besteht auch bei Beatus
schon bezüglich seines
Lebens kaum Einigkeit in den
Quellen. Er soll um 20 n. Chr.
in England oder Irland geboren sein, von dem Apostel-
schüler Barnabas bekehrt
und als Missionar nach
Helvetien geschickt worden
sein. Die von ihm später
bezogene Höhle ist heute
der größte Höhlenkultort der
Schweiz.**

entblößten Knie, auf dem er eine Wunde oder Pestbeule
zeigt, und oft an dem ihn begleitenden Hund zu erkennen.

Seinerseits als ehemaliger Pilger mit Muschel, Pilgerhut und -stab dargestellt ist auch der heilige Sebaldus, der
um das 7./8. Jahrhundert in der Gegend von Nürnberg als

Neunzehn Jahre seines Lebens soll Bruder Klaus (1417–1487) in dieser Zelle mit Ausnahme der Eucharistie ohne jede Nahrungsaufnahme verbracht haben.

Zum Grabmal der heiligen Idda im Kloster Fischingen pilgern bis heute Gläubige mit der Bitte um Heilung ihrer Leiden. In das Fußloch im Altar konnten Pilger ihre schmerzenden Füße stecken und Linderung erhoffen.

Eremit gelebt haben soll. In Bezug auf eines der vielen ihm zugeschriebenen Wunder der Hilfe für einen Bauern, der sein verloren gegangenes Vieh nicht mehr wiederfinden konnte, aber auch aufgrund der Legende, sein Leichnam sei von einem führerlosen Ochsengespann zur vorbestimmten Grabstätte gezogen worden, ist dem Schutzheiligen der Stadt Nürnberg oft als Attribut auch ein Ochse beigegeben.

Ein im späten Mittelalter beliebter Pilgerpatron war schließlich der heilige Jodokus (auch Josse oder Jost). Der vermutlich Anfang des 7. Jahrhunderts in der Bretagne geborene Fürstensohn hatte nicht nur auf sein Vermögen, sondern auch auf die Krone verzichtet, die ihm aus diesem Grund in vielen Darstellungen zu Füßen liegt. Ein Engel, heißt es, habe dem Heiligen, der ebenfalls als Einsiedler lebte und damit die Keimzelle der Benediktinerabtei Saint Josse-sur-Mer legte, statt der Krone den Pilgerstab in die Hand gegeben.

Um erhört zu werden bedurfte es auch bei der heiligen Idda eines Kerzenopfers.

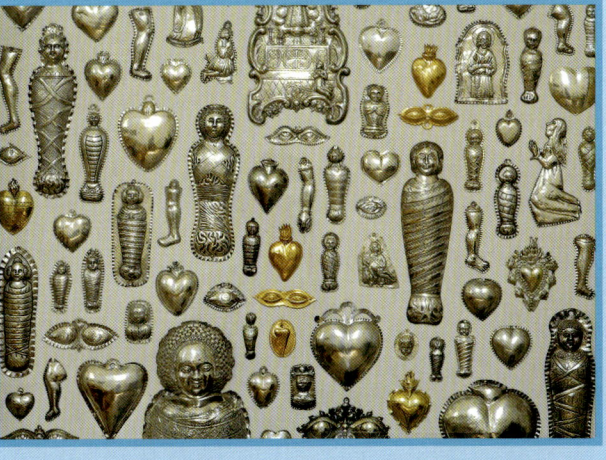

Diverse Votivgaben in der Kirche Sankt Theodul von Sachseln am Sarner See erinnern an die auch dem Bruders Klaus zugeschriebene Wundertätigkeit. Sankt Theodul ist seine Grabeskirche.

In der Stadt Thun, beim Aare-ausfluss aus dem Thunersee gelegen, galt im Mittelalter ein besonderes Asylrecht, das sich allerdings weniger auf Pilger denn auf Straffällige bezog. Die Stadt verfügte über sogenannte Freiflächen, beziehungsweise Räume, in denen, wer eines Verbrechens bezichtigt wurde, bis zur Verurteilung Schutz suchen konnte.

Etwa zwei Stunden südwestlich von Thun liegt Amsoldingen, dessen dreischiffige Basilika auf einen um 700 entstande-nen Vorgängerbau zurückgeht. Unbedingt empfehlenswert ist hier ein Besuch der Krypta, deren heutiger Zustand in etwa dem um 1200 entspricht.

Rechte Seite:
Die Kirche von Amsoldingen liegt am Fuß der Stock-hornkette und gehört mit Stiftungsdatum 1033 zu einer Gruppe von Kirchen rund um den Thunersee, die sich durch lombardische Stilelemente auszeichnen. Der angefügte Kirchturm stammt aus dem frühen 15. Jahrhundert. Ange-schlossen war der Kirche zunächst ein Chorherrenstift, das aber bereits 1484 auf-gehoben wurde.

Rechts oben und unten:
Mit sonniger nebelfreier Lage lockt das voralpine Schwarzenburgerland seine Gäste im Sommer zum Wandern, im Winter zum Skilanglauf. Über 200 Kilometer gut markierte Wanderwege verknüpfen sich hier mit dem Jakobsweg.

Rechts Mitte:
Hinter den grünen Hügeln des Schwarzenburgerlandes erheben sich die Gipfel des Gantrischgebirges. Zwischen Nünenenflue, Bürglen und Ochsen liegt der 2175 Meter hohe Gantrisch, dem das Massiv seinen Namen verdankt.

117

Unten:
Auf einem schmalen Felsstück oberhalb der Saane liegt das zweisprachige Freiburg/Fribourg mit einer der besterhaltenen und größten zusammenhängenden Altstädte der Schweiz. Dem Katholizismus blieb die Stadt in der Reformationszeit nicht nur verbunden, sie wurde gleichzeitig zu einer Schweizer Hochburg der Gegenreformation. Dass der Jakobsweg um soviel Glaubenstreue keinen Bogen schlug, versteht sich von selbst.

Rechts oben:
Die Mehrzahl der Jakobspilger des Mittelalters kam über die Bernerbrücke in die Innenstadt von Freiburg/Fribourg. An der Brücke steht noch heute der Gasthof Engel. Die alte Pilgerherberge verdankt ihren Namen dem Erzengel Raphael, unter dessen Schutz sie gestanden haben soll.

Rechts Mitte:
Von Freiburg/Fribourg nach
Romont geht es über die
Brücke Sainte-Apolline über
die Glâne. Ein Übergang ist
hier schon 1243 bezeugt.
Die heutige Brücke stammt
aber wahrscheinlich aus dem
16. oder 17. Jahrhundert.

Rechts unten:
Wenige Kilometer südwestlich
von Freiburg/Fribourg liegt die
Zisterzienserabtei Hauterive in
einer Flussschleife der Saane.
Ihre ursprünglich romanische
Klosterkirche mit erhaltenem
Kreuzgang aus dem 12. Jahr-
hundert erhielt später
gotische Stilelemente hinzu.

119

Oben:
Bei Féchy führt der Weg der Romandie durch die hoch über dem Genfer See gelegenen Weinberge. Am gesamten Uferhang wird bis zu einer Höhe von 550 bis 600 Metern Weinbau betrieben, wobei Féchy vor allem für seinen Weißwein bekannt ist.

Rechts:
Von Moudon führt der Jakobsweg das Tal Broye hinauf bis auf den Col du Chalet-à-Gobet in 873 Metern Höhe, von wo es bis nach Lausanne wieder bergab geht. Vom Col aus hat man bei klarem Wetter gute Sicht auf den Mont Blanc, der als höchster Alpengipfel alle seine Nachbarn überragt.

Links:
Mit seinem 60 Meter hohen Bergfried beherrscht das Schloss von Vufflens das 1011 erstmals urkundlich erwähnte Dorf, das sich heute nach seinem am meisten hervorstechenden Bau Vufflens-le-Château nennt. Das oberhalb des Genfer Sees gelegene Schloss stammt aus dem 15. Jahrhundert, kann heute aber, da in Privatbesitz, nicht besichtigt werden.

Unten:
Beidseits der Broye liegt das Städtchen Moudon im waadtländischen Mittelland. Der Ort geht auf eine zunächst keltische, dann römische Besiedelung zurück, wobei er in der Römerzeit ein wichtiger Etappenort an der Heerstraße nach Aventicum war, dem heutigen Avenches.

Sie ist weit mehr als das Wahrzeichen der Stadt. Die heute reformierte Kathedrale Notre-Dame in Lausanne zählt zu den bedeutendsten Beispielen der Frühgotik in der Schweiz. Lausanne war bereits seit dem sechsten Jahrhundert Bischofsstadt. Ihre die karolingischen und romanischen Vorbauten ersetzende Kathedrale wurde im Jahr 1275 in Anwesenheit von Papst Gregor X. und König Rudolf von Habsburg geweiht. Lausanne hatte im Mittelalter eine Jakobus-bruderschaft, in der Stadt standen Pilgern aber auch schon im 13. Jahrhundert vier offizielle Herbergen beziehungsweise Spitäler offen.

Besondere Hochachtung wurde dem Pilgerpatron in der Kathedrale Saint-Pierre von Genf entgegengebracht, zeigt ihn doch eine ganzfigurige Darstellung in einem der Kirchenfenster gleich einem König mit Purpurmantel und Hermelinbesatz. Der Bau der natürlich auch in der Reformationsstadt Genf heute nicht mehr katholischen Kirche wurde um 1160 begonnen. Ab 1225 wurden zunächst der Chor und das Quer- und schließlich das Langhaus im Stil der Gotik vollendet. Hermann Künig von Vach empfiehlt im Jakobswegführer von 1495 allerdings weniger die Kathedrale als die Stadt selbst: „Genff ist eine gar ansehnlich Stadt".

NÜTZLICHE INFORMATIONEN

Literatur:

Klaus Herbers: „Jakobsweg, Geschichte und Kultur einer Pilgerfahrt", Verlag Ch. Beck, München 2006

Klaus Herbers: „Wol auf sant Jacobs straßen", Schwabenverlag, Ostfildern 2002

Klaus Herbers und Robert Plötz: „Die Straß zu Sankt Jakob – Der älteste deutsche Pilgerführer nach Compostela", Thorbecke Verlag, Ostfildern 2004

Wer sich über die Geschichte des Jakobswegs und speziell der deutsche Routen informieren will, kommt an Klaus Herbers nicht vorbei.

Martin Schulte-Kellinghaus, Erich Spiegelhalter und Andreas Drouve: „Abenteuer Jakobsweg", Stürtz Verlag, Würzburg 2008

Martin Schulte-Kellinghaus, Erich Spiegelhalter und Andreas Drouve: „Abenteuer Jakobswege in Frankreich", Stürtz Verlag, Würzburg 2009

Die beiden im Stürtz Verlag erschienenen Vorgänger-Bände behandeln den spanischen und die vier französischen Hauptwege.

Jürgen Kaiser: „Jakobswege in Deutschland", Theiss Verlag, Stuttgart 2006

Weniger die Wege als die ausführlich bebilderten einzelnen Stationen stehen hier im Vordergrund

Gerhilde Fleischer (Hg.): „Jakobusweg", vier Bände, Schwabenverlag, Ostfildern 2008 (7. Aufl.)

Die Bändchen im Taschenformat mit vielen historischen Informationen sind als Wegbegleiter gedacht, jedoch nur für den Weg von Nürnberg nach Konstanz. Für nahezu jede Teilstrecke liegen weitere Reiseführer vor, etwa:

Wolfgang W. Meyer: „Jakobswege Württemberg, Baden, Franken, Schweiz" Silberburg-Verlag, Tübingen 2009 (7. Aufl.)

Hartmut Engel von Stein: „Schweiz: Jakobsweg. Vom Bodensee zum Genfer See", Conrad Verlag, Reihe Outdoor, Welver 2004 (2. Aufl.)

Jolanda Blum: „Jakobswege durch die Schweiz" Ott Verlag, Bern 2007 (7. Aufl.)

An- und Abreise:
Wenn der Weg nicht vor der eigenen Haustür beginnt, aber auch wenn irgendwo die Kondition nicht mehr mitmacht oder der Urlaub früher zu Ende geht als der Weg, gibt es europaweit kaum ein besser mit öffentlichen Verkehrsmitteln erschlossenes Land als die Schweiz. In nahezu jedes Schweizer Bergdorf fährt mindestens noch der Postbus. Detaillierte Fahrpläne und Haltepunkte finden sich unter: www.postbus.ch

Ausrüstung und Besonderheiten:
Ein entsprechendes Lauftraining und körperliche Fitness vorausgesetzt, gilt es beim Gepäck optimalerweise nicht mehr als zehn Prozent des eigenen Körpergewichts einzupacken, deshalb aber nicht auf gegebenenfalls wärmende und vor Regen schützende Kleidung zu verzichten. Dringend empfehlenswert sind auch Sonnenschutz und Basisapotheke, eine Wasserflasche und ein Schlafsack, der auch in den meisten Pilgerherbergen benötigt wird. Stabile Wanderschuhe mit hohem Schaft sind nicht nur in der Schweiz von Nutzen, hier mitunter aber unerlässlich. Auf dem für dieses Buch gewählten Weg von Konstanz über Flüeli-Ranft und die Beatus-Höhlen nach Genf war der höchste Pass die Haggenegg mit 1414 Metern. Auch wer nicht im tiefsten Winter läuft, muss also unter Umständen mit Schnee rechnen. Insgesamt entspricht die Wanderung jedoch einer Mittelgebirgswanderung, die gut zu schaffen ist. Ab Freiburg/Fribourg wechselt die Sprache vom Deutschen ins Französische. Als Übernachtungsmöglichkeiten bieten sich jetzt „Chambre d'Hôtes" an, Zimmer in Privathäusern, die immer ein Frühstück beinhalten und manchmal auch ein Abendessen („Table d'Hôtes"). Ein Pilgerausweis wird anders als in Spanien in der Regel nicht verlangt. Klöster, die Pilger aufnehmen, gibt es ausgesprochen selten, in der Schweiz sind sie zudem oft nur Frauen vorbehalten. Eine Reservierung ist überall erwünscht.

Rechts:
Zwingend nötig sind Stempelsammeln und Pilgerpass nur für den Einlass in Pilgerherbergen in Spanien und zur Erlangung der Pilgerurkunde „Compostela". In Deutschland und der Schweiz ist beides nur eventuell für die Übernachtung in Klöstern empfehlenswert.

Ganz rechts:
Ob Schlafen auf dem Bauernhof, hier im Thurgauischen Amlikon bei „Schlafen im Stroh", oder in privaten Bed & Breakfast-Unterkünften, wie in Romont auf dem Weg der Romandie: Eine mehr oder weniger komfortable Übernachtungsmöglichkeit findet sich immer.

Jakobusgesellschaften in Deutschland:
Deutsche St. Jakobus-Gesellschaft
Tempelhofer Straße 21
52068 Aachen
Tel. 0241/4790-127
Fax 0241/4790-112
www.deutsche-jakobus-gesellschaft.de

Fränkische St. Jakobus-Gesellschaft Würzburg e.V.
Ottostraße 1 – Kilianeum
97070 Würzburg
Tel. 0931/38 66 38 70
www.jakobus-gesellschaften.de

Jakobusgesellschaften in der Schweiz:
Les amis du chemin de St-Jacques
www.chemin-de-stjacques.ch

Sekretariat der deutschen Schweiz
Pierre Bonenberger
Schanzweg 5
CH-4132 Muttenz
Tel. 0041/76/319 45 66

Secrétariat central – Suisse romande
Claire-Marie Nicolet
Route de Founex 4
CH-1291 Commugny
Tel. 0041/22/776 12 08

Seit 2009 gibt es den
Verband Jakobsweg.ch
Postfach 151
CH-3700 Spiez
Tel. 0041/33/655 04 00
Fax 0041/33/655 04 01
www.jakobsweg.ch

Zahlreiche weitere Infos finden sich unter folgenden Internet-Links:

Ein detailliertes Unterkunftsverzeichnis für den gesamten Schweizer Weg:
www.jakobsweg.ch/de/schweizer-jakobsweg.html
www.jakobusfreunde-paderborn.eu
www.jakobus-info.de
www.pilger-weg.de
www.viajacobi.ch
www.wandersite.ch/Jakobspilger.html

Unterkünfte auf dem Schwabenweg Konstanz – Einsiedeln:
www.pilgerherberge.ch/herbergen.html
www.abenteuer-stroh.ch

Etappenbeschreibung mit Wegzeiten und Distanzangaben:
www.fernwege.de/ch/jakobsweg/index.html

Jakobsweg mit Gepäcktransport; Infos und Übersichtskarte:
www.swisstrails.ch

Jakobsweg – Via Jacobi, nationale Wanderroute Nr. 4: Karte und Kurzbeschreibung:
www.wanderland.ch

Weitere Hintergrundinformationen über das Pilgern:
www.pilgern.ch

Ganz links:
Besondere Höhepunkte werden gerne festgehalten, das war im Mittelalter so und ist es noch heute. Meteorologische Höhepunkte, wie dieser Temperaturgipfel von 36 Grad in Rapperswil, wurden dereinst in Reisetagebüchern markiert.

Links:
1133 Meter über dem Meer gelegen, empfängt das Berggasthaus auf dem Hörnli zwischen Konstanz und Einsiedeln seine Gäste auf Wunsch mit Wein und Pilgerkäse.

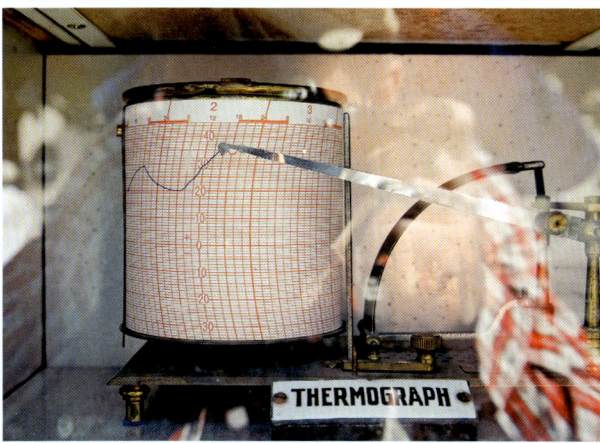

Gute Schuhe und ein möglichst pfleglicher Umgang mit den eigenen Füßen gehören zu den ersten Empfehlungen, die Pilgern mit auf den Weg gegeben werden. Selbstverständlich gilt es auch genau zu überlegen, was im Rucksack unerlässlich ist und worauf verzichtet werden kann. Dessen Gewicht sollte nach Möglichkeit die Obergrenze von 10 Kilo nicht übersteigen. Andere Ratschläge nennen auch nur zehn Prozent des eigenen Körpergewichts als Obergrenze. Ein Mindestmaß an Fitness vorausgesetzt, kann es dann losgehen.

Impressum

Buchgestaltung:
www.hoyerdesign.de

Karte:
Fischer Kartografie, Aichach

Alle Rechte vorbehalten

Printed in Germany
Repro: Artilitho snc, Lavis-Trento, Italien
        www.artilitho.com
Druck/Verarbeitung: Offizin Andersen Nexö, Leipzig
© 2010 Verlagshaus Würzburg GmbH & Co. KG
© Fotos: Martin Schulte-Kellinghaus
© Texte: Annette Mahro

ISBN 978-3-8003-1959-6

Danksagung des Fotografen

Auf meinem Pilgerweg haben mich auf kürzeren oder längeren Abschnitten begleitet: Angela, Frieder, Hannah, Ingrid, Isolde, Kristina, Max, Renate, Rita und Roland. Ihnen möchte ich ganz besonders danken für Ermunterungen, für Geduld, für stille Momente und für die vielen schönen Gespräche und Gedanken.

Unterwegs gab es so viele schöne Begegnungen mit anderen Pilgern und mit Menschen am Wegesrand. Auch wurden wir von den Gastgebern in Pensionen, bei Privatzimmern, im Kloster und auf Bauernhöfen immer sehr freundlich aufgenommen. Ihnen allen möchte ich dafür ganz herzlich danken.

Martin Schulte-Kellinghaus

Unser gesamtes Programm finden Sie unter:
www.verlagshaus.com